Les Mystères du 21e Siècle

Larisa SEKLITOVA
Ludmila STRELNIKOVA

Les Mystères du 21e Siècle

Série de « Au-delà de l'inconnu »

© *2016 Nom de l'auteur* **Larisa Seklitova**
© *2016 Nom de l'auteur* **Ludmila Strelnikova**
© *2016 Détenteur des droits* **Simon Couvin**

Édition : BoD - Books on Demand, info@bod.fr
Impression : BoD - Books on Demand, In de Tarpen 42,
Norderstedt (Allemagne)
Impression à la demande
*ISBN : 978-2-**3225-0454-1***
Dépôt légal : **Octobre 2017**

Réédition : Octobre 2023

Seklitova L.A., Strelnikova L.L., 2013

«Les Mystères du 21e siècle». Série «Au-delà de l'inconnu».

Ce livre familiarise le lecteur avec les changements qui se produisent dans la vie de l'homme moderne, ainsi le lecteur apprendra ce qui était vrai dans les paroles d'I. Talkov, d'où vient le chupacabra, ce qu'est la vie selon différentes perspectives, d'où provient l'énergie supplémentaire de l'homme dans l'univers entier.
Vous découvrirez de nouvelles informations sur les symboles futurs, le rôle des sciences économiques dans les mondes Supérieurs, les bienfaits et les méfaits du crudivorisme, le nettoyage des enveloppes subtiles et bien d'autres sujets.

Seklitova L.A.,
Strelnikova L.L.

«()» «()» «()»

Introduction

Ce livre est consacré aux réponses des autrices aux questions des lecteurs. Chacun apprend de nouvelles informations à sa manière : l'un a la foi et accepte donc immédiatement la vérité telle qu'elle est ; l'autre a des doutes et ne fait donc pas confiance à beaucoup de choses ; le troisième élimine certaines lacunes dans ses propres concepts. En d'autres termes, le chemin de la connaissance est individuel.

La foi et l'obéissance constituent le chemin le plus court vers la vérité. La méfiance et le doute exigent la destruction de quelque chose d'ancien et de faux avant que la nouveauté puisse être acceptée. Ils doivent constamment utiliser la "loi de la négation" dans la connaissance. Mais quel que soit le chemin emprunté par le chercheur, il parvient à la vérité, et cela devient important.

Par conséquent, ce livre aidera les chercheurs à éliminer toute lacune dans leurs concepts et à enrichir leur conscience de nouvelles connaissances, car toute réponse apporte quelque chose de nouveau, montre le concept sous un angle inattendu pour le questionneur.

Le lecteur obtiendra également des réponses à de nombreux phénomènes mystérieux apparus sur Terre, par exemple : d'où vient le chupacabra, que signifie le bourdonnement de la Terre, qu'expriment les paroles de la chanson prophétique d'I. Talkov "Je reviendrai", et il apprendra bien d'autres choses nouvelles.

Chapitre 1

"Le pays n'est pas un pays de fous, mais un pays de génies".

De nombreuses personnes connaissent le verset de la chanson d'Igor Talkov :
«Je ne prétends pas prophétiser,
Mais je sais avec certitude que je reviendrai
Même s'il faut attendre cent siècles
Dans un pays de génies, pas de sots
Et, vaincu au combat,
Je ressusciterai et chanterai...»

Ces paroles sont prophétiques pour Talkov. Chaque mot de la chanson est imprégné d'une signification mystique profonde. Premièrement, la présence de réincarnations lui permettra de se réincarner un jour dans un nouveau corps. C'est un homme honnête et intègre, qui a correctement accompli son programme de vie. Sa courte vie ne lui a pas permis de dégrader, donc il n'aura pas besoin de rembourser ses dettes, car il les a déjà remboursées en vivant pendant 42 ans.

Pendant que les débiteurs de la cinquième race travailleront à compléter leur programme, leur âme passera du temps dans le Dépôt des âmes. Les pécheurs continueront de souffrir sur Terre, traversant des catastrophes naturelles, des cataclysmes, la faim, des changements climatiques brutaux. Quant à lui, il observera tranquillement tout cela depuis les Cieux.

Après avoir traversé la période des cataclysmes et des perturbations, Talkov reviendra à la sixième race dans un nouveau corps et avec une âme pure. Et de quelle race s'agit-il ? C'est la Race d'Or, dans laquelle seront rassemblées les âmes des personnes hautement spirituelles et hautement morales choisies dans notre cinquième race.

Dans la Race d'Or seront rassemblées les âmes de tous les meilleurs représentants de la cinquième race. Il s'agira donc d'une race de génies par rapport aux gens d'aujourd'hui. Talkov ne connaissait pas de telles permutations sur Terre, mais il a bien entendu son Maître céleste, qui l'a aidé à trouver les bonnes paroles de la chanson. Et le Maître savait de quoi l'avenir serait fait. Et pour que le pays devienne un "pays de génies", on travaille activement avec la population de notre cinquième race.

La sixième race regroupera les meilleures âmes de la cinquième race et tiendra compte de l'intelligence de la personne, de ses capacités actuelles et de ses possibilités futures. La moralité, la spiritualité, le respect de la loi, la dignité d'une personne, l'envie de développer ses talents et l'acceptation de la nouveauté seront également pris en compte. Les personnes sont donc activement testées en fonction de leur attitude à l'égard des nouvelles connaissances supérieures présentées dans nos livres ; leur degré de compréhension, d'acceptation ou de non-acceptation des nouvelles vérités est évalué. Les tests divisent les personnes en fonction de leur Niveau de développement. En même temps, ils révèlent les âmes élevées qui passeront dans la prochaine Race d'Or de l'humanité. Le sort de celles qui ne passeront pas les tests sera décidé par les Juges Supérieurs en fonction de la rigueur de leurs Lois.

Actuellement, tout contribue à la séparation des âmes : les meilleures iront vers Dieu, donc vers la Race d'Or ; les transgresseurs des lois, possédant certaines qualités et propriétés utiles, iront vers le Diable, tandis que les autres iront vers le décodage. (Ceci est un schéma simplifié.)

C'est précisément dans le but de séparer les âmes en capables et incapables que sont utilisés, par exemple, les examens EGE (Examen d'État unifié) dans les écoles, les travaux de contrôle où les élèves de 10e année doivent résoudre 16 problèmes en 45 minutes. Certains de ces problèmes sont si complexes qu'un ingénieur avec une formation technique supérieure et 30 ans d'expérience ne serait pas capable de résoudre certains d'entre eux. L'éducation semble être dirigée vers l'élimination de 99 élèves sur 100 pour ouvrir la voie à un seul vers l'enseignement supérieur.

Cela provient de la négativité du Système du Diable, qui a introduit sur Terre, à travers certaines personnes, un système développé d'abrutissement et de séparation des personnes faibles d'esprit des individus intellectuellement développés. Le Diable recrute ses exécutants. Cela est également favorisé par la liberté accordée à notre société : fais ce que tu veux, mais ne pleure pas ensuite que Dieu t'a rejeté et t'a remis au Diable.

La fin de la cinquième race est marquée par l'épreuve (test) et la séparation des âmes. Il ne s'agit là que de quelques exemples de la manière dont les tests et la séparation des âmes sont menés dans les conditions actuelles, mais ils sont donnés dans le but de montrer que la sixième race sera une race de génies. D'autant plus qu'il faut tenir compte du fait que ses représentants se développeront de manière accélérée dans les directions les plus diverses, avec un penchant pour le développement de capacités énergétiques particulièrement inhabituelles. Par conséquent, même la personne la plus ordinaire de la sixième race ressemblera à un génie par rapport à la même personne de la cinquième race.

Talkov ne le savait pas, mais il a réussi à le prévoir, en faisant une prédiction aussi étonnante dans sa chanson suivante, qu'il a composée dans des moments de triste inspiration.

Le Chupacabra

Question : D'où vient l'animal appelé chupacabra ? On l'a vu au Mexique, aux États-Unis, en Ukraine, et il est apparu également en Russie, notamment dans les régions de Nijni Novgorod et d'Orenbourg. Certains pensent que c'est une mutation d'une espèce contemporaine connue des humains, comme le chien, le loup ou le chacal. Il a une tête de rat et cinq doigts sur ses pattes. Qu'est-ce que c'est ?

Réponse : Personne ne sait d'où ils viennent ni où ils disparaissent, bien que cela pourrait éclaircir beaucoup de choses. La fin de l'année 2012 est marquée par des changements de la Terre en tant que structure sur le plan subtil. La planète est en train de se réorganiser, ce qui ouvre des portails - des entrées vers des mondes parallèles. Cela s'accompagnera de l'incursion dans notre monde d'êtres venant d'autres mondes.

Le chupacabra pénètre dans notre monde à partir d'un monde inférieur. Sa nature inférieure est attestée par son apparence : une tête pointue, des oreilles particulières et un corps aux traits marqués. Ces traits caractéristiques du corps sont typiques des mondes inférieurs. Il se nourrit de manière qui n'est pas propre aux animaux terrestres : en buvant le sang d'animaux plus petits et d'oiseaux, il en élimine un grand nombre d'un coup et reste ainsi rassasié pendant une longue période.

Le chupacabra apparaît par le biais d'un portail et y retourne, ce qui le rend impossible à localiser. En raison de l'ouverture des portails vers des mondes parallèles de différents niveaux, d'autres créatures pénètreront dans notre monde, notamment de nombreux fantômes. Ces derniers se sont déjà manifestés, et de nombreuses personnes ressentent et voient même leurs silhouettes transparentes, les prenant parfois pour des silhouettes de personnes décédées. Ces formes continueront à apparaître, sous des formes diverses. L'être humain ne peut qu'observer ce qui se passe et en tirer ses propres conclusions. Les êtres matériels viendront d'un monde inférieur, tandis que les êtres subtilomatériels viendront d'un niveau supérieur. Ils apparaîtront et disparaîtront jusqu'à ce que les portails se ferment.

Pourquoi la Terre bourdonne-t-elle ?

Question : Dans de nombreux endroits de la Terre, on peut entendre un grondement qui vient d'un endroit inconnu. Certains pensent qu'il vient du sous-sol, d'autres l'entendent venir de quelque part dans l'air. Par exemple, des habitants de Chelyabinsk, Kazan, en Angleterre...... l'ont entendu. Quel est le lien avec ce phénomène ?

Réponse : Nous recevons des lettres nous informant que dans de nombreuses villes, les gens ont commencé à entendre un bourdonnement provenant de la Terre, parfois même de quelque part dans l'air. Personne ne comprend rien.

Ce phénomène n'est pas nouveau et n'est pas propre à la Russie. Par exemple, le correspondant de l'Agence de presse, Gennady Fedotov, rapporte que des bruits étranges et des grondements sont caractéristiques du Royaume-Uni (village de Waddington dans le comté de Durham en Angleterre), des États-Unis (enregistrés dans la ville minière de Hyattstown, Alabama, depuis 1991), dans le sud-ouest de l'Allemagne (des résidents de Bade-Wurtemberg ont entendu le bruit en 2001) et dans d'autres endroits.

Le bruit mystérieux non seulement perturbait le sommeil, faisant parfois vibrer le lit, mais il provoquait également des saignements de nez, de fortes migraines et des variations du pouls chez certaines personnes. Mais dans différentes régions du monde, il avait des effets différents sur les gens et était perçu de différentes manières : pour certains, il rappelait le bourdonnement d'une perceuse dentaire, pour d'autres, le bruit d'un moteur de réfrigérateur, et pour d'autres encore, le fonctionnement d'un puissant moteur de voiture.

En outre, des bruits étranges et des explosions dans l'atmosphère ont été récemment enregistrés par des scientifiques, apparaissant sans raison apparente. Gennady Fedotov rapporte, par exemple, qu'en 2011, "le 10 mai, des centaines d'habitants des villes de Virginia Beach, Norfolk, Suffolk et Chesapeake, dans l'État de Virginie, ont été témoins d'un puissant coup sonore et ont ressenti des secousses dans leurs maisons... Deux mois plus tôt, des centaines d'habitants de l'État de Floride, de Woodville à Crawfordville, ont entendu dans le ciel clair des bruits sourds similaires à ceux produits par un train de marchandises en mouvement rapide... Le bruit a duré au moins 20 minutes."

Le chercheur anglais Richard Lazarus associe ces mêmes bruits aériens au village de Barisal, situé au sud de la capitale du Bangladesh, où de puissantes ondes sonores ont été enregistrées pour la première fois, ressemblant à des coups de canon anciens étouffés.

D'autres phénomènes étranges ont également été observés par des personnes dans différentes régions de Russie. Par exemple, chez certaines personnes ayant des conduites d'eau connectées à des puits artésiens, de l'eau chaude a commencé à couler alors qu'il n'y avait aucune chaudière dans ces villages, et l'eau chaude n'a jamais été disponible, ce qui excluait toute possibilité de fuite de tuyaux d'eau chaude. Dans un autre endroit, la surface du sol, dans un petit rayon d'action, est devenue si chaude qu'une branche jetée dessus s'enflammait. De plus, dans certaines régions de Sibérie, une lumière vive est apparue, venant de sous la terre. Les flux lumineux s'élevaient vers le ciel et se dispersaient.

Tout cela est le résultat de la restructuration de la plate-forme de notre continent. Les extraterrestres travaillent à la formation d'une nouvelle configuration du continent eurasien et marquent les points de rupture. C'est pourquoi le magma s'est rapproché de la surface de la terre en certains endroits, réchauffant certaines zones et sources d'eau. La Terre subit des changements fondamentaux, d'où ces anomalies.

Les scientifiques ont tenté d'expliquer ces phénomènes selon leur point de vue : tremblements de terre, lancements de fusées, activation de certains champs électromagnétiques créés par un énorme générateur militaire utilisé comme super arme. Mais tout cela n'a pas été confirmé lors des vérifications.

- - -

Nous donnons une explication de ces phénomènes mystérieux de notre point de vue ésotérique, et nous laissons au lecteur le soin de choisir ce qui est le plus acceptable pour sa conscience.

En résumé, rappelons que la Terre est passée à un Niveau supérieur de son développement et qu'elle doit travailler avec une nouvelle gamme d'énergies, ce qui signifie que ses fonctions doivent changer, ce qui nécessite une restructuration physique et subtile de la planète. Dressons la liste de ce qui est inclus dans cette réorganisation.

L'environnement est en train d'être préparé pour la future Race d'Or, c'est pourquoi les proportions d'océans et de terres émergées changent. Dans mille ans, il ne restera qu'un seul continent sur la planète, les autres seront engloutis sous les eaux. Ils devront s'abaisser, c'est-à-dire qu'il y aura des mouvements de plusieurs continents. Le continent eurasien qui restera subira également d'importants changements. Sa configuration sera nécessairement modifiée. Par exemple, une faille s'étendra de la région du Japon, à travers le sud de la Sibérie jusqu'aux pays baltes. Les roches tectoniques se préparent déjà à cela. La ligne de la faille est marquée par des ceintures de lave en fusion qui s'accumulent aux endroits de la faille. Mais ces failles sont contrôlées par les extraterrestres des différents Niveaux selon un plan établi d'En Haut. Pour qu'un continent quelconque soit submergé sous les eaux de l'océan, un immense travail doit être effectué par les extraterrestres matériels. Il nous est difficile de dire comment ils le font, mais les gens voient déjà que les extraterrestres plongent constamment dans la Terre elle-même. Récemment, des vaisseaux extraterrestres ont simplement attaqué notre planète. Ils ont été vus non seulement par des centaines mais par des milliers de personnes, fournissant souvent des photographies de ces événements.

Que font les extraterrestres à l'intérieur de la Terre ? Ils mènent des travaux spécifiques. Par exemple, il a été remarqué ces dernières années, et ce n'est plus un secret, que des soucoupes volantes apparaissent d'abord au-dessus d'un certain endroit, puis un important tremblement de terre se produit là-bas. Cela s'est produit au Japon (en 2011), à Anapa (en 2012) et même dans l'ancienne Lémurie, c'est-à-dire qu'une tendance générale a été observée : après l'apparition des vaisseaux volants extraterrestres, des tremblements de terre se sont produits. Et en Lémurie, en Atlantide, d'énormes mouvements de continents ont été observés, avec leur submersion sous l'eau après l'apparition des vaisseaux volants extraterrestres au-dessus d'eux. Apparemment, après avoir effectué des travaux en profondeur de la Terre, ils observaient (et observent maintenant) d'En-Haut ce qui commence à bouger, dans quelle direction se produit la faille et ce qui doit être corrigé ensuite. La gamme de vision des extraterrestres est élargie, ils voient donc ce qui reste invisible pour l'homme.

Pendant la période actuelle de changement d'ère, les extraterrestres modernes préparent tous les continents pour la restructuration. (Mais cela se fait selon le plan des 9 Systèmes hiérarchiques de l'Union qui s'occupent de la Terre et de l'humanité). De tels travaux sont liés à la matière physique, où toutes sortes de travaux de construction sont accompagnés de bruit. Les travaux de construction ne peuvent pas se faire sans cela, car une chose s'effondre et une autre est intégrée à l'existant, avec la participation de la technologie. En raison de la restructuration globale actuelle de la Terre, non seulement des bruits et des grondements peuvent apparaître, mais aussi des tremblements de terre se produisent dans les endroits des futures failles des plaques tectoniques. C'est ainsi, par exemple, que des tremblements de terre sont observés ces derniers temps au Kamtchatka, où commence une faille, se poursuivant dans les régions du sud de la Sibérie, du Caucase et du sud de l'Europe occidentale.

Les extraterrestres sont activement impliqués dans la transformation de l'enveloppe physique de la planète. Ils s'occupent également de la transformation de ses enveloppes subtiles. Il faut se rappeler qu'il y a 3 nouvelles enveloppes subtiles ajoutées à la planète, 3 enveloppes d'un Niveau supérieur à celles qu'elle a déjà, et elles nécessitent des connexions spécifiques à celles existantes. Pour cela, les extraterrestres utilisent une technologie du plan subtil, invisible pour l'homme mais audible pour lui. (Parfois, ils peuvent protéger cette technologie avec un champ de protection). C'est pourquoi les humains entendent le bruit provenant des sphères Célestes. Le montage du nouveau est en cours.

Une enveloppe est connectée à une autre, ce qui s'accompagne de divers effets sonores. Certaines choses, en revanche, peuvent être retirées comme une construction auxiliaire qui n'est plus nécessaire. Les extraterrestres eux-mêmes peuvent se protéger avec des champs de protection, restant invisibles aux autres, ou des extraterrestres de Niveaux élevés, existant dans une autre gamme de fréquences, peuvent être impliqués dans ce travail, restant également hors de vue de l'homme. Pour eux, notre matière physique est perméable, donc en plongeant dans la terre, ils ne laissent pas de traces d'entrée. Laisser des traces et être visible ou invisible dépend de leur Niveau de développement, qui dicte à leur matière des propriétés et des capacités que l'homme ne comprend pas encore. Par exemple, en visitant les habitations humaines, ils passent librement à travers les murs et les dalles en béton, comme à travers l'air.

Ainsi, des extraterrestres de différents Niveaux et de différentes matières travaillent avec l'enveloppe matérielle de la planète et les enveloppes subtiles. Certains d'entre eux peuvent être visibles, d'autres invisibles. Les extraterrestres sont de différents Niveaux et de différentes matières. Mais le travail qu'ils effectuent avec la Terre explique le bruit étrange que les gens entendent dans différents endroits de la Terre. Ces bruits étranges sont liés à la refonte de notre continent. Ils aident à acquérir de nouvelles configurations. Tout est fait selon le plan des systèmes qui contrôlent le développement de la Terre, à l'aide de contrats conclus avec des extraterrestres matériels capables d'influencer précisément la matière physique pour obtenir le résultat supérieur souhaité.

Qu'est-ce que la vie ?

Le concept de "vie" peut être interprété de différentes manières, en choisissant un certain point de référence.

1. On peut l'interpréter du point de vue de l'homme :

a) en tant qu'événements de l'être ;

b) en tant que processus d'être d'un corps matériel dans le monde physique ;

2. du point de vue du monde physique ;

3. de la position de l'existence dans l'univers entier.

Si nous prenons les êtres humains, ce concept exprime pour eux "la sensation d'eux-mêmes dans le monde matériel, dans la totalité de leurs actions possibles".

Pour l'homme, la vie commence au moment de la naissance et se termine au moment de la mort. C'est-à-dire que la vie exprime le mouvement de l'âme d'un point temporel à un autre dans le corps physique lorsqu'elle accomplit un certain travail pour lequel son corps est conçu.

Le travail est l'expression du processus de transformation de la matière et de l'énergie d'un type en un autre.

Tout corps physique est conçu pour accomplir un certain travail correspondant à sa nature d'existence. Par exemple, les pierres transforment l'énergie de leur Niveau par des processus physico-chimiques ; les plantes, par d'autres types de processus ; les animaux, par un troisième type de processus.

Tant que le corps physique travaille, l'homme ressent qu'il vit. Mais chez l'homme, contrairement aux pierres, aux plantes et aux animaux, la vie est également liée à son travail de conscience, de réflexion, ce qui l'aide à ressentir son existence de manière plus vive et claire. Cependant, la conscience et la réflexion ne sont pas les facteurs principaux déterminant la vie.

La plante ne possède ni conscience ni réflexion, mais elle possède également la vie et en ressent les limites. Autrement dit, le principal signe de la vie réside dans le travail du corps physique, grâce auquel le corps lui-même est préservé et subit des changements visant à maintenir son existence dans les fonctions vitales définies.

La forme matérielle permet à chaque âme de ressentir son "je" dans les processus de la vie du monde physique. L'âme vit dans ce monde, mais lorsqu'elle passe dans le monde énergétique, autrement dit le monde subtil, elle commence périodiquement à participer aux processus de l'existence éternelle. Elle accède pleinement à l'existence éternelle après avoir construit correctement toutes ses matrices et ses corps énergétiques. Autrement dit, la vie dans la matière physique se transforme finalement en existence éternelle.

Mais tant que l'âme construit ses constructions subtiles, elle est obligée de faire des transitions du monde subtil vers le monde physique et vice versa, à travers les processus de vie et de mort.

Si l'on considère le processus opposé à la vie - la mort, alors le corps physique, dans cet état, libéré de l'âme et donc de la spiritualisation, commence à se décomposer en ses constituants. Le travail se poursuit, mais il est désormais dirigé vers l'opposé - la destruction du corps. La mort transforme les processus du corps en processus opposés à la vie. Alors que la vie unissait les éléments constitutifs du corps, la mort les sépare. Et c'est là la principale différence entre la vie et la mort. La différence entre la vie et l'existence éternelle réside dans la cessation des réincarnations.

Sur le plan social et quotidien, la vie d'une personne se manifeste par sa participation à différents événements ; une scène de vie succédant à une autre lui permet de mieux ressentir son cours. Pour l'homme, vivre signifie voir, entendre, ressentir, participer à quelque chose, c'est-à-dire se sentir dans son plan d'existence comme une unité active. Et pour ressentir cette immersion dans la vie, il est aidé par les cinq sens.

La mort le prive de tout cela, ainsi que de la possibilité de rester dans le monde physique.

2. D'un point de vue du monde physique, la vie est une participation aux processus d'intégration. Toute forme spirituelle vit. Les plantes, les pierres, la planète Terre - tous vivent, chacun possède sa propre vie, bien que ces formes diffèrent considérablement de la forme humaine. Ce qui les unit, c'est la qualité de la spiritualisation. Toutes sont des formes spirituelles.

Dans le monde physique, il existe de nombreux objets artificiels dépourvus de vie. Ce sont des bâtiments, des constructions techniques, des objets du quotidien de l'homme et autres, créés par l'homme lui-même comme des aides à son existence. Ces objets existent dans le monde, mais ne font aucun travail par eux-mêmes. Cependant, ils vieillissent et se décomposent progressivement. Tous les objets artificiels sont sujets à la dégradation et au vieillissement, qui commencent dès leur création. Ils commencent à se décomposer, et tous les processus en eux sont uniquement dirigés vers cela. Ainsi, les objets artificiels portent en eux un programme d'autodestruction, car ils sont des aides temporaires à la vie humaine. C'est pourquoi il ne reste rien des civilisations passées, tout s'est décomposé en éléments constitutifs. Et cela n'est pas lié à la transition de la Terre vers une nouvelle dimension, c'est inscrit dans le programme de la matière même de la planète. La Terre spiritualise sa matière, et l'homme, en créant des objets artificiels, est incapable de les spiritualiser, donc ils sont destinés à se décomposer.

La principale cause de leur destruction est l'absence d'âme en eux, et donc l'incapacité de spiritualisation. Seule l'âme peut maintenir la matière dans la forme requise pendant le temps nécessaire et la faire travailler.

Les objets artificiels ne sont pas spirituels, et c'est la raison de leur destruction, car ils n'ont pas la force qui peut les unir et les maintenir ensemble pendant le temps nécessaire. Dès que l'âme, en tant que substance spiritualisante, quitte le corps matériel, il devient soumis au temps, qui contribue à sa destruction. Ainsi, la spiritualisation confère à la matière une propriété essentielle, celle d'avoir la capacité de vivre, d'exister, tandis que le temps favorise son développement.

La durée de vie des objets matériels artificiels dépend de la matière dont ils sont faits. Les objets en fer ont une durée de vie, ceux en argile ont une autre durée, les objets en bois en ont une troisième.

La matière artificielle se décompose car cette tendance est inscrite en tant que régularité par les Créateurs dans sa forme, en l'absence d'une autre matière, c'est-à-dire d'une énergie spiritualisante.

Ainsi, du point de vue du monde matériel, la vie est considérée comme la présence d'une énergie spiritualisante dans une forme. Et c'est l'âme qui confère cette énergie à la forme. En résidant dans un minéral, une plante, un animal, un être humain, une planète, l'âme les spiritualise, leur conférant ainsi la propriété de vivre en tant que formes autonomes.

La vie, du point de vue de la création, revêt un caractère incompréhensible pour l'homme, car son propre être lui reste inconnu. Mais dans les limites de la création, tout ce qui est transmis dans l'existence éternelle est spiritualisé et donc immortel. Tout ce qui se développe en lui est vivant. Et tout ce qui est incapable de progresser indépendamment est soumis au programme d'autodestruction. C'est la régularité du fonctionnement normal du volume de la création.

Ainsi, pour exister dans la création, il est essentiel pour les formes (substances, états, etc.) de posséder des qualités telles que la spiritualisation et la capacité de se développer. Une forme de haut niveau peut ne pas avoir la capacité de penser, car les processus de création et de gestion du monde extérieur se déroulent d'une manière complètement différente de celle de l'homme. Mais la capacité à progresser devient superlative. Cela indique à quel point il est important d'inculquer à chaque âme une qualité telle que l'aspiration au développement. Cela ouvre à l'âme le chemin vers l'éternité.

La désintégration de la matière artificielle

Question : Le processus de transition quantique s'accompagnera-t-il d'une désintégration de la matière créée artificiellement ? Certains affirment que les plastiques, les matières synthétiques et les autres matériaux de la production industrielle moderne se désintégreront en éléments primaires qui constituent le monde primaire de notre mère la Terre.

Y a-t-il une part de vérité dans cette affirmation ?

Réponse : Le passage quantique a lieu depuis 1990. Il n'y aura pas de désintégration éphémère de la matière artificiellement créée. Tout le monde comprend la désintégration comme une action instantanée. C'est une mauvaise compréhension des processus en cours. Il y a une transformation interne de la matière. Ne confondez pas transformation et désintégration, ce sont des processus différents. Les transformations apportent des changements, des transformations, tandis que la désintégration apporte la mort, la destruction.

Si l'on parle de matière physique en général, elle est initialement conçue et programmée pour la destruction, car toute matière physique comprend le temps, qui contribue à sa destruction.

"Chaque forme de matière a son propre temps d'existence, qui est programmé en elle. Mais la durée de vie de tout corps, objet dépend de deux facteurs: premièrement, du temps global d'existence de la matière dont il est fait, et deuxièmement, du programme qui y est incorporé. Et un temps découle de l'autre, c'est-à-dire qu'ils dépendent l'un de l'autre, entre eux, il y a des relations calculées, posées par les Créateurs Supérieurs" (Tome 13 "Les mystères du temps", section "Terre de la race dorée", série "Encyclopédie de la Nouvelle Ère").

La transition quantique (dans nos livres, elle est appelée passage à un autre Niveau de développement, autrement dit à l'orbitale suivante) est étalée dans le temps. La transition porte une séquence régulière de mouvement du développement de la planète vers le haut - du niveau inférieur au niveau supérieur à travers une zone adjacente, donc la matière artificielle sera soumise à une transformation progressive, et non à une désintégration instantanée. C'est pourquoi, par exemple, les civilisations antérieures n'ont presque rien laissé derrière elles, bien qu'elles, comme notre civilisation, possédaient d'énormes valeurs matérielles. (Les objets individuels trouvés lors des fouilles sont spécialement préservés par les Supérieures pour les recherches d'autres civilisations et pour le développement de leur réflexion dans cette direction historique).

Tout ce qui a été créé par les civilisations a été détruit par le temps. Les objets anciens, les bâtiments, les ustensiles, les vêtements de ceux qui vivaient dans la première ou la deuxième civilisation ont disparu. Presque rien n'en est resté car la matière dans laquelle ils existaient et avec laquelle ils travaillaient en créant des objets artificiels a subi des transformations progressives. Les programmes de la Terre et de la matière, le temps et les Supérieurs y ont participé. Ils déterminent la durée de vie de tout.

Ainsi, la matière artificielle pendant toutes les transitions de la planète d'une orbitale à une autre subit toujours une transformation progressive, qui passe souvent inaperçue pour l'homme. Elle ne se désintègre pas instantanément. Même si elle tombe dans les flux de lave d'un volcan en éruption, elle y est transformée en une autre matière, et non pas décomposée en particules élémentaires.

Donc, il y a une part de vérité dans le fait que la matière artificielle se désintègre lors du passage au niveau de développement suivant, mais cela se produira progressivement dans le temps.

RÉSUMÉ DES HIÉRARCHIES ET ENVELOPPES SUBTILES

Question : Dans vos livres, il y a des informations diverses sur les différentes hiérarchies, le nombre de Niveaux qu'elles comportent, ainsi que le nombre d'enveloppes chez l'homme et les autres formes vivantes. J'aimerais les obtenir pour plus de clarté. Serait-il possible de les rassembler ? Cela permettrait de comparer et de mieux utiliser les informations nécessaires.

Réponse : Voici quelques données de base sur des questions d'intérêt pour le lecteur..

1. Les hiérarchies de formes physiques et le nombre de Niveaux qu'elles comportent :
Hiérarchie de Dieu - 100 niveaux
Hiérarchie de la matière physique - 100 niveaux
Hiérarchie des étoiles - 50 niveaux
Hiérarchie des planètes - 50 niveaux
Hiérarchie de l'homme - 100 niveaux
Hiérarchie des animaux - 50 niveaux
Hiérarchie des plantes - 30 niveaux
Hiérarchie des minéraux - 10 niveaux

2. Le nombre d'enveloppes de l'âme sous différentes formes :
L'atome possède 2 énergocorps : 1 physique et 1 protecteur, subtil.
Les pierres ont 2 énergocorps : 1 physique et 1 protecteur.
Plantes - 3 énergocorps : 1 physique, 1 éthérique, 1 astral.
Les animaux - 3 énergocorps : 1 physique, 1 éthérique, 1 astral.
Homme de la cinquième race - 7 énergocorps :
Homme de la sixième race - 9 énergocorps :
Terre de la cinquième race - 7 énergocorps.
Terre de la sixième race - 10 énergocorps.

3. Le nombre d'enveloppes subtiles humaines dans les différentes civilisations :
L'homme de la 1ère civilisation (autrement dit la race) avait 2 énergocorps : (1 physique + 1 subtil).
L'homme de la 2e race - 3 énergocorps (1 physique + 2 subtils).
L'homme de la 3e race - 4 énergocorps (1 physique + 3 subtils).
Une personne de la 4ème race - 6 énergocorps (1 physique + 5 subtils).
L'Homme de la 5ème race - 7 énergocorps (1 physique + 6 subtils).
L'homme de la 6ème race - 9 énergocorps (1 physique + 8 subtils).
Une personne de la 7ème race - 12 énergocorps (1 physique + 11 subtils).
Les erreurs concernant le nombre de corps subtils proviennent du fait que lorsqu'on parle du nombre total d'énergies des corps humains, on

inclut également le corps physique. Cependant, si l'on parle uniquement des corps subtils, leur nombre sera toujours inférieur d'une unité au nombre total d'énergies. Cela crée parfois de la confusion. Par exemple, on dit qu'un être humain a sept corps, mais il a en réalité six corps subtils. Il est donc important de faire attention à ce dont on parle spécifiquement : du nombre total de corps subtils de l'âme ou uniquement des énergies subtiles. Cependant, pour le lecteur, ce qui importe ici, ce n'est pas la spécificité, mais la compréhension des tendances générales du développement de l'âme, notamment le fait que de nouveaux corps subtils sont ajoutés en fonction des besoins des corps pour produire de l'énergie et des besoins d'accélérer ou de ralentir le développement des âmes.

Une régularité générale dans ce cas est la croissance du nombre de corps subtils avec l'élévation des niveaux de développement de l'âme, et leur nombre dépend des caractéristiques de son développement actuel et des plans supérieurs. De même, avec le niveau, la partie constructive des enveloppes change, elles deviennent plus perfectionnées, de sorte que, au lieu de trois enveloppes prévues à la prochaine étape du développement, une nouvelle, plus modernisée, peut être ajoutée. Les temps nouveaux obligent à abandonner l'obsolète et à inventer quelque chose de nouveau, plus perfectionné. Cette tendance est inhérente à tout l'univers entier.

4. Le nombre d'enveloppes sur Terre

Avant les civilisations, la Terre avait une enveloppe protectrice.

Lors de la première civilisation, la planète avait deux énergocorps : physique et protecteur.

A la 2ème race - 3 énergocorps : physique, éthérique, astral, c'est-à-dire 1 physique et 2 subtils.

A la 3ème race - 5 énergocorps : physique, éthérique, astral, mental et causal, soit 1 physique et 4 subtils.

A la 4ème race - 6 énergocorps : physique, éthérique, astral mental, causal et spirituel, soit 1 physique et 5 subtils.

A la 5ème race - 7 énergocorps : (1 physique et 6 subtils).

A la 6ème race, la Terre aura 10 énergocorps : (1 physique et 9 subtils).

A la 7ème race - 12 énergocorps : (1 physique et 11 subtils).

5. Les transitions orbitales de la Terre

Lors de la première civilisation, la Terre s'est déplacée sur la deuxième orbitale ;

À la deuxième civilisation, à la troisième orbitale ;
Avec la troisième civilisation, à la quatrième orbitale ;
Avec la quatrième civilisation, à la cinquième orbitale ;
Cinquième civilisation jusqu'à la sixième orbitale ;
Avec la sixième civilisation, jusqu'à la 7e orbitale :

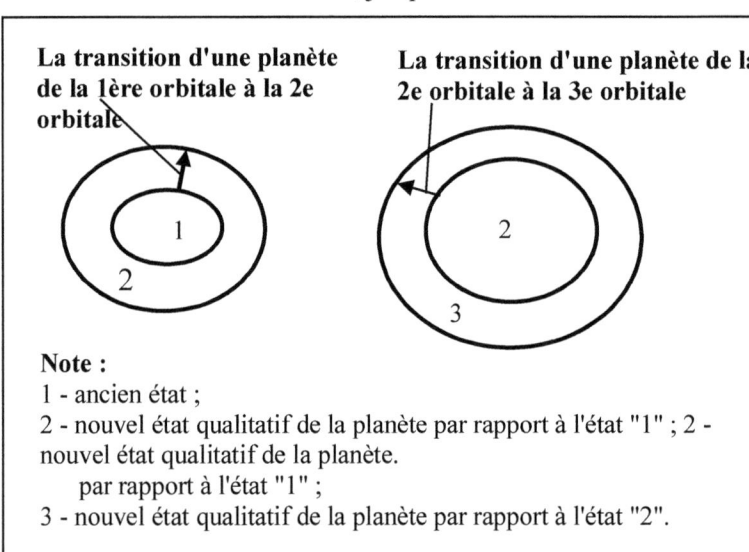

La transition d'une planète de la 1ère orbitale à la 2e orbitale

La transition d'une planète de la 2e orbitale à la 3e orbitale

Note :
1 - ancien état ;
2 - nouvel état qualitatif de la planète par rapport à l'état "1" ; 2 - nouvel état qualitatif de la planète.
   par rapport à l'état "1" ;
3 - nouvel état qualitatif de la planète par rapport à l'état "2".

Fig. 1 Transition d'une planète vers une nouvelle orbitale

La transition de la planète vers un nouveau Niveau, autrement dit, vers une nouvelle orbitale, se manifeste par une expansion spatiale de la planète dans le plan subtil. Cela est facilité par l'ajout de nouvelles enveloppes subtiles à la planète. Son volume augmente, la planète devient plus grande.

Ainsi, le passage de l'ancienne orbitale vers la nouvelle n'est pas un saut de l'ancien état vers une nouvelle forme par un élargissement instantané, mais une augmentation du volume par l'acquisition de nouvelles enveloppes (ou plusieurs enveloppes) avec l'ajout ultérieur de nouvelles énergies de gammes supérieures et des constructions correspondantes à ces énergies. Le volume interne "1" de cette manière, lors du passage vers la nouvelle orbitale, augmente jusqu'à "2" en raison de l'ajout de nouvelles enveloppes subtiles (énergies) qui sont données par les Constructeurs Supérieurs de cette forme. Par la suite, le volume "2", lors du passage vers la prochaine orbitale, augmente jusqu'à "3" grâce à la connexion à leurs constructions d'enveloppes subtiles de plus grandes tailles, et ainsi de suite jusqu'à ce que la planète atteigne le nombre prescrit de niveaux de développement dans la matière de ce niveau. Cependant, avec l'élévation des niveaux et la transition vers une autre forme, la méthode d'augmentation des volumes peut changer.

L'existence initiale de la planète avec le monde végétal et animal correspondait à sa présence sur la première orbitale. Le passage à la deuxième orbitale a nécessité la création de la première civilisation. La forme humaine devait reproduire de nouvelles énergies pour les enveloppes de la planète, qui ne pouvaient pas être fournies par les plantes et les animaux.

* * *

Chapitre 2

L'ÉTOILE DE L'UNION "SOYOUZ"
Le symbole des neuf Systèmes hiérarchiques

La façon dont certains symboles sont nés dans l'histoire de l'humanité, par exemple les symboles maçonniques, chrétiens et catholiques, est connue depuis longtemps par l'humanité. Par exemple, le symbole de l'aigle exprime la victoire, la force ; le lotus est un symbole de la divinité et de l'univers chez les Égyptiens, les Hindous et d'autres peuples ; le bleuet est un symbole de pureté, c'est-à-dire qu'il existe de nombreux symboles. L'histoire ancienne est remplie de toutes sortes de symboles porteurs de certaines significations.

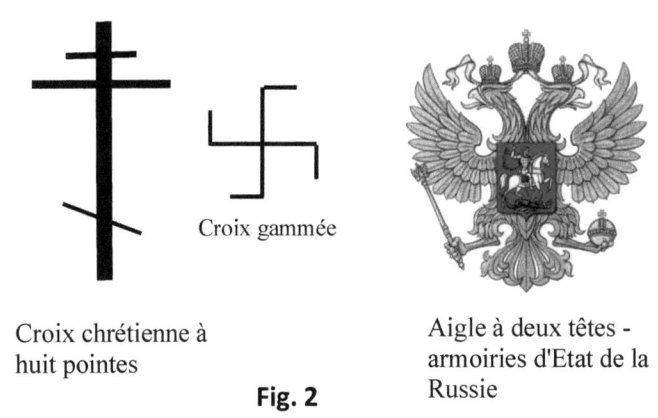

Croix gammée

Croix chrétienne à huit pointes

Aigle à deux têtes - armoiries d'Etat de la Russie

Fig. 2

Le symbolisme du Moyen Âge s'est manifesté dans les ornements, l'architecture, l'artisanat et l'artisanat d'art ; la société moderne utilise également de nombreux nouveaux symboles. Parmi eux, les symboles de la croix, de l'aigle bicéphale et de la croix gammée sont connus de l'homme depuis longtemps (Fig. 2). La croix est un symbole du christianisme, un symbole de la mort et du salut de Jésus-Christ. La croix fonctionne avec des énergies, elle peut être appelée une antenne - un conducteur d'énergies subtiles de la gamme précédente de développement de l'humanité. C'est un symbole de la cinquième race.

La croix chrétienne a de nombreuses variantes ; il y a la croix à quatre branches, à six branches, mais en Russie, la croix à huit branches est la plus répandue. Cela signifie qu'un symbole de base est donné, et sur la base de celui-ci, de nombreuses variantes sont créées.

Nous n'allons pas énumérer tous les symboles existants à ce jour, mais nous voulons simplement rappeler leur diversité en prenant l'exemple des plus connus. Nous allons donc examiner deux autres anciens symboles : la svastika et l'aigle à deux têtes.

Le svastika (Fig. 2) a de nombreuses significations, car il est apparu il y a très longtemps. Son symbolisme initial est positif. Dans les anciennes civilisations, il était le symbole du mouvement de la vie, du soleil, de la lumière, de la prospérité. Mais surtout, le svastika exprime le mouvement rotatif. Au XXe siècle, le svastika est devenu le symbole du nazisme et de l'Allemagne hitlérienne. Cela montre que les gens sont capables d'attribuer à un même signe des significations à la fois positives et négatives.

Prenez un autre symbole. L'aigle à deux têtes, selon l'ancienne interprétation, est le symbole de l'équilibre de l'âme, exprimé par ses deux têtes équivalentes. Mais selon une nouvelle compréhension, la véritable essence de cet équilibre réside dans la présence dans l'âme trinitaire de parties positives et négatives qui lui permettent d'accumuler les énergies des signes opposés. Cependant, ces opposés n'empêchent pas l'âme de conserver son unité intégrale. De plus, l'aigle à deux têtes symbolise la possibilité de l'évolution de l'homme dans deux directions opposées. C'est le symbole du développement.

Ainsi, un symbole est un signe qui incarne une idée, un contenu significatif ou exprime un objet ou un sujet. Dans nos livres, l'étoile à huit branches est également un tel symbole, portant un sens spécifique. L'article a été suscité par une question d'une lectrice.

Question : Sur votre site, nous avons lu un article sur l'amulette de l'"Union". Il s'agit d'une "Rose des vents" ordinaire, et elle a été nommée "Symbole de la communauté spatiale "Soyouz" et est un signe de la future Race d'Or". Par conséquent, j'aimerais savoir où vous avez personnellement écrit sur l'amulette dans vos livres ? Est-il nécessaire de transformer le signe longtemps utilisé de la "Rose des vents" en amulette ?

En lisant vos livres, nous avons conclu que les Lois de l'Univers et les Connaissances qui vous ont été données sont l'Amulette de la Vie.

Réponse : L'étoile de l'"Union" (post.5, annexe 1) a été représentée sur presque tous nos livres. Mais parfois, l'éditeur, en raison de ses propres conceptions de mise en page, ne la laisse pas sur la couverture ou la page de titre.

L'étoile de l'"Union" est mentionnée dans nos premiers livres. Elle est apparue pour la première fois sur la page de titre de notre livre "Les Mystères des Mondes Supérieurs", publié le 17 décembre 2001. Tous les livres publiés en 2003 portent l'étoile de l'"Union" sur leur couverture. Le concept d'"Union" symbolisé par cette étoile est décrit dès le premier article du livre "L'Esprit Supérieur Révèle ses Secrets" (littéralement à partir de la quatrième page et au-delà). On y trouve également un schéma de subordination des différents systèmes hiérarchiques. Ce concept est également abordé dans le livre "2012. La fin du monde, prédictions optimistes" ou "La Formule de l'Évolution". Le terme "Union" est également expliqué dans le "Dictionnaire de Philosophie Cosmique". De nouvelles connaissances sur ce symbole nous sont parvenues progressivement.

Mais d'abord, revenons à l'histoire de ce signe. L'étoile de l'"Union" n'est pas la "Rose des Vents", au contraire, ce sont les météorologues qui ont pris un ancien symbole et l'ont utilisé à des fins scientifiques.

Ce signe était largement utilisé il y a plus de 500 ans. L'étoile à huit branches de l'Union a été découverte sur la croix de pierre des Andes, dans le sud de la France, au 17e siècle. Au Moyen Âge, elle était utilisée par les marins (post. 7, annexe 1), les géographes, puis les météorologues (post. 9) et les constructeurs (post. 8) ont commencé à l'utiliser.

Tous les symboles sont toujours donnés par les Systèmes hiérarchiques Supérieurs, spécifiquement par le Système "Union", et les gens les adaptent à leurs besoins. Mais la source de tous les symboles rayonnants est l'étoile à huit branches. Tous les symboles adoptés sur

Terre, tels que la "Rose des Vents" et autres étoiles, dérivent de l'Étoile de l'"Union".

Les humains ont apporté certaines modifications à son image, ce qui l'a fait se transformer. Par exemple, Wikipédia, l'encyclopédie libre, indique que "Dans l'héraldique, la Rose des Vents désigne un symbole sous la forme d'une étoile stylisée (voir post. 9, annexe 1)."

ANNEXE 1

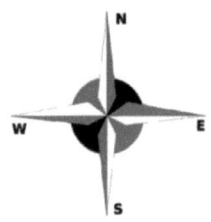

post. "1", symbole de l'OTAN

post. "2", symboles du ministère des transports et du ministère des situations d'urgence de la Fédération de Russie, services de secours.

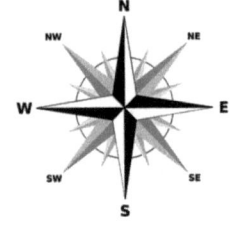

post. "3", le symbole de la CIA américaine, étoile à 16 branches

post. "4", un type d'étoile à 16 rayons

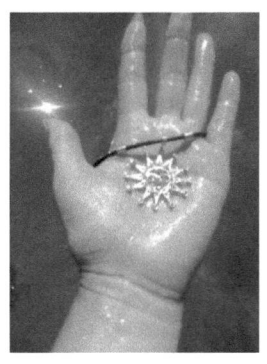

post. 5, le symbole des neuf systèmes hiérarchiques - l'étoile de l'"Union".

post. "6", l'étoile rêvée et réalisée est l'étoile d'Orekta.

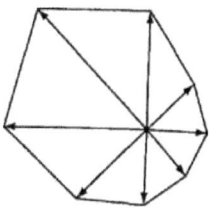

post. 7, le symbole des marins

post. 8, diagramme vectoriel des directions des vents dominants sur les côtés du monde à un endroit donné. Utilisé par les constructeurs et les climatologues.

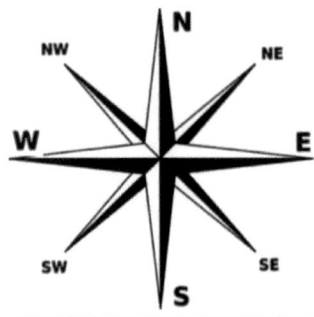

post. 9, Rose des vents,
symbole des météorologues

post. 10, Ordre "Gloire de la
Nation".

post. 11, Ordre de paix

post. 12, ordre
"Pour la foi et la fidélité

post. 13, Armoiries de la ville
d'Artyom,
Primorsky Krai.

post. 14, armoiries de la ville
de Volzhsky

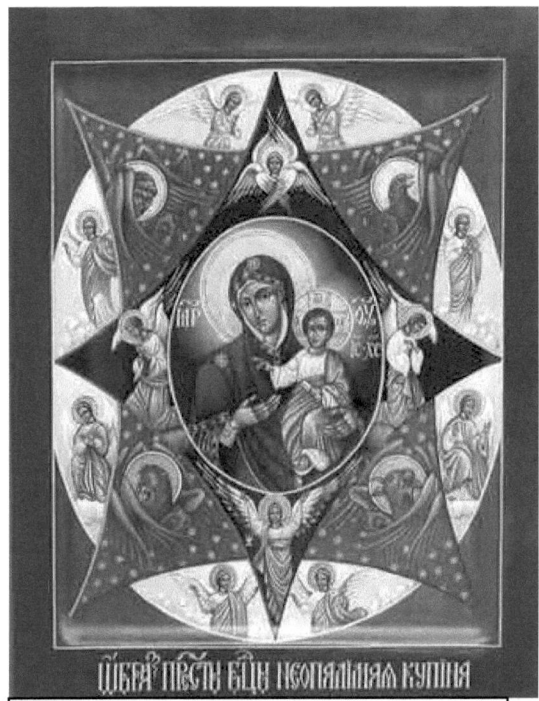

Post 15, Icône de la Vierge Marie de la 'Vigne Incandescente'

Le symbole actuel est utilisé dans l'emblématique de diverses organisations : chez l'OTAN (Organisation du Traité de l'Atlantique Nord) - 4 rayons (post. "1").

Au ministère des transports et au ministère russe des situations d'urgence (Service fédéral russe des situations d'urgence), il y a 8 rayons (post. "2") ; au sein de la CIA (Central Intelligence Agency) des États-Unis, il y a 16 rayons (post. "3" et "4").

Cette étoile à huit branches est également utilisée sur les armoiries de nombreuses villes (post. 13, 14) et est à la base de nombreux ordres (post. 10, 11, 12).

Même la croix chrétienne a 8 extrémités, qui se sont transformées en 8 rayons de l'étoile de l'"Union", car la cinquième et la sixième race travaillent avec différentes gammes d'énergies, d'où leurs symboles sont différents.

Le symbole de l'étoile à huit branches est également représenté sur l'icône de "Kupina" (post. 15), qui protège les habitations du feu. Au centre de cette étoile à huit branches sur l'icône se trouve la Mère de Dieu avec le nourrisson Jésus-Christ. Et au centre de notre symbole - l'étoile de l'"Union" - se trouve toujours un cercle, symbolisant le volume mondial du neuvième Système hiérarchique.

Tout cela remonte à l'Antiquité. L'étoile à huit branches est un symbole divin. Ce symbole est représenté à l'entrée de nombreux monastères. En particulier, il se trouve sur les portes du monastère de la Sainte-Trinité-Saint-Serge.

Sur Terre, l'unification est à venir et elle aura ses propres symboles. C'est pourquoi les Supérieurs nous ont immédiatement donné ce Signe lors des premiers contacts, attirant ainsi l'attention des lecteurs dessus.

Ce symbole est ancien, mais les Supérieurs lui ont donné une nouvelle signification. Le temps change, et le sens de l'existence devient plus profond et plus large.

Passons maintenant au nouveau contenu de ce symbole.

L'étoile à huit branches est l'origine et le symbole de l'union rationnelle de neuf Systèmes hiérarchiques, appelés "Union". Ils ont donné à l'humanité les chiffres arabes (1, 2, 3... 9), où chaque chiffre représente le numéro du Système correspondant à son code numérique. Chaque rayon de l'étoile correspond à un Système hiérarchique et exprime la Hiérarchie de ce Système. La Hiérarchie est composée d'une partie positive et d'une partie négative, ce qui est propre à absolument toutes ces hiérarchies, donc chaque rayon (ou plus précisément - pyramide) est divisé à l'avant en deux facettes qualitativement différentes. La troisième facette est à l'arrière. En réalité, chaque rayon exprime géométriquement une pyramide.

Chaque Système se spécialise dans un travail spécifique avec la Terre et l'humanité. Ces neuf Systèmes hiérarchiques dirigent toute l'humanité, c'est pourquoi leur symbole - l'Étoile de l'"Union" - peut être trouvé dans de nombreuses autres nations.

L'Étoile à huit branches est le symbole de l'unité des différents Systèmes, que toute l'humanité devrait suivre en ce qui concerne son unité et son travail vers un objectif commun. Le neuvième Système est situé au centre, symboliquement représenté sous la forme d'un cercle. Le cercle est essentiel. Ce Système central est celui par lequel se produit la transition d'une Hiérarchie à une autre. Si l'étoile est inscrite dans le cercle extérieur, cela indique que les neuf Systèmes hiérarchiques se trouvent dans le volume commun de Dieu.

Tous les Systèmes sont spirituels, mais ils se spécialisent dans des activités différentes. On peut également ajouter que les quatre Systèmes sur le symbole sont situés devant les quatre autres, ce qui indique la présence d'autres dimensions. Cela parle de l'entrelacement de différentes dimensions liées entre elles par des lois de construction spécifiques.

L'Étoile de l'"Union" ne concerne pas tout l'Univers Entier (Création), mais seulement la Terre. Ces neuf Systèmes prennent soin de toute la Terre dans son ensemble, c'est pourquoi ce symbole peut être trouvé en Amérique, en Italie et ailleurs. Personne ne sait seulement ce que ces rayons expriment.

En plus de ce qui a été dit à leur sujet, ajoutons que pour l'humanité, l'Étoile "Union" symbolise neuf qualités fondamentales qu'elle doit développer en elle. Ce sont l'amour, l'espoir, la foi, le salut, la bonté, la miséricorde, l'humilité, la spiritualité et la responsabilité.

Au début du 21e siècle, il est temps de revitaliser ce symbole oublié et de l'intégrer dans la vie, en lui donnant une nouvelle signification.

C'est le futur symbole de la sixième Race d'Or, c'est pourquoi il est préférable de le réaliser en or, qui est le meilleur accumulateur des hautes énergies de l'âme. La sixième Race sera très énergétique, c'est pourquoi, en créant un nouvel environnement pour elle, les Hiérarchies supérieures ne laissent qu'un continent et transforment tout le reste en océan. La Race d'Or produira une très grande quantité d'énergie, il faudra donc un énorme réservoir d'énergie, qui sera l'océan. L'eau a une grande capacité énergétique, ce qui permettra à la Race d'Or de déverser ses excès d'énergie dans l'eau. Mais en même temps, l'homme doit aussi conserver de l'énergie pour lui-même, pour ses besoins physiques, il aura également besoin de son propre accumulateur d'énergie. Ce sera le Symbole d'Union en or qu'il portera comme un amulette autour de son cou. Il aidera le corps physique et servira également de relais d'énergie.

Ce symbole concentre une puissante énergie, car il a une

construction géométrique spéciale. Les côtés de la pyramide hiérarchique doivent être convexes, tout le symbole doit être en volume. Chez nous, il est inclus dans un cercle, symbolisant le volume mondial dans lequel ces 9 Systèmes résident et où finalement les âmes des humains iront. En même temps, c'est le volume de notre Dieu, cet espace cosmique où résident tous ses mondes.

Pour la Race d'Or, l'Étoile de l'"Union" deviendra le symbole de la protection de l'homme et de sa capacité à s'unir avec les autres. Et étant donné que ce symbole est un puissant concentrateur d'énergie, il remplit automatiquement les fonctions suivantes :

1. Il a des propriétés protectrices.

2. Il aide l'homme à conserver son énergie interne.

3. Il équilibre le champ énergétique de l'homme.

4. Il favorise la guérison, en aidant à restaurer l'énergie en cas de perte par l'organisme ou un organe malade.

5. C'est une puissante protection contre le mauvais œil et les malédictions.

6. L'amulette aide à se protéger des entités présentes dans le plan subtil, car sa puissante énergie les repousse. Tout comme la croix repousse les démons et les esprits malins, ce symbole est encore plus capable de repousser toute impureté sur le plan subtil.

7. Le symbole rappelle à l'homme quelles qualités doivent être primordiales dans son développement vers Dieu.

Trois ajouts importants à l'étoile de l'Union « Soyouz ».

1. Au centre du pendentif doit se trouver une pierre correspondant au signe du zodiaque de la personne en question. Une amulette sans pierre fonctionne légèrement différemment, car dans ce cas, d'autres facettes mini-pyramides dirigées vers le centre remplissent les fonctions de la pierre. Donc, tout fonctionne correctement en tenant compte des pierres et de leurs fonctions. Les pierres assument les fonctions des mini-pyramides tournées vers le centre de l'Étoile et les fonctions de la neuvième Hiérarchie située au centre de l'amulette.

Le diamant est une synthèse qui englobe toute la gamme d'énergies, c'est pourquoi il conviendra à chaque signe du zodiaque, chacun y trouvera sa propre fréquence. À mesure que chaque personne se développe sur Terre, en passant par les civilisations, elle doit absorber en elle toute la gamme de fréquences, dans ce cas, le diamant lui correspondra pleinement en termes d'énergies.

(Cependant, comme la plupart de notre population n'est pas en mesure de se permettre des pendentifs et des amulettes coûteux, un simple symbole plaqué or ou en argent est tout à fait suffisant pour les représentants de la cinquième race. Nous fournissons des matériaux pour des individus très énergétiques, ce qui les aidera dans la sixième race.)

Un pendentif en or avec un diamant fonctionnera avec la plus haute gamme d'énergies, ce qui aidera à augmenter le Niveau énergétique de la personne.

2. Le pendentif doit devenir un symbole non pas de la Fraternité Blanche, mais de la Fraternité Dorée. Lorsque nous passons d'une ère à une autre, la couleur de la Fraternité change.

La Fraternité Blanche est associée à la cinquième race.

L'Étoile de "Soyouz" est destinée à la prochaine race, la sixième, appelée "Fraternité Dorée". Par conséquent, la Fraternité Dorée sera liée à l'élévation énergétique de l'âme de chaque individu. L'or est le meilleur conducteur d'énergies subtiles, il fonctionnera donc de manière optimale avec l'énergie des êtres humains.

L'Étoile de "Soyouz" est le symbole de la Fraternité Dorée, de la race d'Or. Cependant, la sixième race sera une humanité unifiée, il est donc peu probable qu'elle se distingue par une "Fraternité" distincte en tant que communauté indépendante. À cette époque, toute l'humanité constituera une société intégrée par ses intérêts spirituels. Cependant, le symbole leur sera nécessaire pour travailler avec les énergies.

Il est préférable de porter cette étoile au niveau du chakra du cœur, Anahata, et pour les personnes créatives - au niveau du chakra de la gorge, Vishuddha. Lors du développement de la clairvoyance, l'étoile peut être portée au niveau du chakra du front, Ajna, en combinaison avec une méthodologie appropriée.

3. Ce symbole remplacera dans la Race d'Or la croix que les gens portent sur leur poitrine. La nouvelle race sera très énergétique, donc l'ancien symbole (la croix) ne sera pas capable de transformer et d'accumuler l'énergie humaine. L'Étoile de "Soyouz" est le principal accumulateur d'énergie personnelle de l'individu, c'est sa réserve. La croix à huit branches s'est transformée en une étoile à huit branches, et

c'est ainsi que se manifeste sa continuité.

Ainsi, l'Étoile de "Soyouz" devient le remplaçant de la croix. C'est le symbole de la Race Dorée, qui sera une magnifique alliance de toutes les nations, tout comme les 9 Systèmes hiérarchiques, car la nouvelle race accueillera les meilleures âmes des différentes nations. Il y aura un seul peuple - l'humanité unifiée, purifiée du mal. Avec le temps, toutes les religions disparaîtront, avec leurs peuples, et une nouvelle race totalement nouvelle émergera, où à la place des religions, il y aura des Connaissances Supérieures, et l'universel sera naturel car il y aura un seul peuple. Les Extraterrestres Supérieurs n'ont pas de religions, mais ils possèdent la Connaissance des Mondes Supérieurs, donc ils savent dans quelle direction aller dans leur évolution.

Et juste après que cet article ait été écrit, les lettres suivantes nous sont parvenues.

Lettre 1 : "… J'ai décidé d'écrire quelques lignes concernant l'étoile à huit branches et mon attitude envers l'idée de créer un pendentif. Comme vous le savez très bien, l'idée de sa création m'habite depuis un certain temps. Elle est devenue particulièrement pertinente après certains événements au travail… En raison d'une série d'événements négatifs qui m'ont touché le mois dernier, une certaine obscurité est apparue dans mon âme. C'est pourquoi l'étoile de "Soyouz" sur ma poitrine aurait l'air tout à fait naturelle et réchaufferait mon âme, car elle est infiniment plus proche de mon esprit, étant un précieux symbole sous la protection invisible duquel j'existe et me bats pour une nouvelle cause depuis déjà dix ans… A.P., Ekaterinbourg."

Lettre 2 : "J'ai pris quelques photos de moi-même datées du 12 avril, car cela fait longtemps que vous ne m'avez pas vu. Sur la photo, on peut voir au niveau de mon cou un pendentif en or, que j'ai fait faire sur mesure spécialement pour cette journée. Il remplacera la croix orthodoxe pour moi. Je l'ai béni en le plaçant dans un verre et en le plaçant sur un livre de Lois. L'ancienne orthodoxie ne m'intéresse pas, je ne veux pas lier ma vie à cela, c'est pourquoi j'espère que ce symbole, qui est associé pour moi aux Lois de l'Univers, remplira les fonctions de la croix. D'ailleurs, il plaît beaucoup, y compris au bijoutier. Ce symbole me rappellera constamment mon destin. Merci pour tout ! J'essaie de lire vos livres, même si je suis occupé. Je comprends que c'est une grande valeur qui sera un facteur puissant pour atteindre mes objectifs. K.E., Moscou."

Lettre 3 : "… Je tiens également à partager qu'il y a peu de temps, une idée est soudainement venue comme un fort désir, une demande de créer l'Étoile de "Soyouz". Je n'avais jamais eu une telle demande auparavant. Elle était forte et soudaine. J'ai commencé à réfléchir à partir de quoi je pourrais faire ce symbole. J'ai décidé que je pouvais au moins le dessiner. C'est ce que j'ai fait et je vous envoie l'image. J'ai été très surprise quand, quelques jours plus tard, je suis allée sur votre site et j'ai vu que vous aviez déjà créé un tel pendentif avec l'aide de vos assistants.

Je comprends cette situation comme le fait qu'une idée a été transmise d'En-Haut, et ceux qui l'ont perçue ont pu l'interpréter à leur manière (à leur niveau). Qu'en pensez-vous ?

Avec sincère respect et gratitude - Lana, 17 décembre 2012."

Lettre 4 : "Bonjour, mes Professeurs !

Je souhaite juste vous raconter mon histoire après notre correspondance d'hier. Il y a environ 10 ans, j'ai fait un rêve où je regardais le ciel bleu et je voyais réellement une étoile filante venir vers moi. Étonnée, j'ai tendu les mains et elle a commencé à descendre dans ma paume - puis je me suis réveillée. Ce rêve m'a secouée et ne m'a pas laissée tranquille. Ensuite, j'ai dessiné cette étoile et l'ai donnée à mon bijoutier, qui l'a matérialisée à partir de mon or. Au milieu, il y avait deux grands symboles de l'infini croisés. Le même petit symbole, formant une sorte de cercle à la base de chaque rayon, avait sa propre étoile à son début. J'ai porté cette étoile sur ma poitrine sans la retirer.

J'ai pris une photo de l'étoile (pos. 6, annexe 1) cet été, en me baignant dans la mer. À ma grande surprise, quelque chose s'est illuminé au-dessus de mon gros doigt avec trois points, bien qu'il n'y ait pas eu de flash sur le téléphone. La photo n'est pas très nette, mais c'est l'une de mes préférées.

Et je voudrais aussi nommer ce médaillon OREKTA en l'honneur de la planète où les formes matérielles de l'homme de toutes les Races ont été créées, et où les Hautes Entités Matérielles travaillent actuellement pour la sixième Race. Mon hommage et ma gratitude à mon Soi. Quoi de plus important que d'être utile à Dieu. Merci pour ces merveilleux signes qu'ils nous envoient de leurs Hauteurs.

Victoria, Odessa.

(La lettre a été écrite le 15 décembre 2012.)"

Lettre 5 : Avant, en mai 2012, nous avons reçu une lettre de D.V.

Nepin avec le contenu suivant :

«Je ne voudrais pas vous déranger à nouveau, mais il y a une question qui me tourmente. Elle concerne l'image de l'étoile à huit branches "Soyouz" ("Union"). Dans ma dernière lettre, j'ai écrit que lorsque j'ai découvert vos merveilleux livres et appris l'existence de ce symbole, j'ai été profondément attiré par lui. Je me souviens avoir essayé de former une image tridimensionnelle dans ma tête et de comprendre sa signification, mais je n'y suis pas parvenu complètement. À cette époque, j'ai rêvé de voir une étoile à huit branches dans le ciel, descendre dans un temple où je suis entré comme un papillon attiré par la lumière. Je me souviens même avoir dessiné cette grande étoile avec un crayon et une règle au travail, puis je l'ai accrochée à ma porte.

Tout le monde me demandait ce que c'était et certains voulaient même la retirer, mais je ne le permettais pas. Je passais pour quelqu'un de très étrange. Depuis longtemps, je voulais porter ce symbole, qui réchaufferait mon âme. J'avais même envisagé de commander une bague avec l'étoile, mais cela ne s'est jamais concrétisé (j'ai finalement décidé de ne plus porter de bague du tout). Maintenant, je reviens à cette question et je veux comprendre les principes de construction de l'Étoile.

Sachant que rien n'arrive par hasard, je veux comprendre : pour quelle raison précise cette conception de l'Étoile a-t-elle été adoptée ? Vous avez beaucoup parlé dans vos livres du fait que tout dans l'Univers a sa forme géométrique propre et que chaque forme possède ses propriétés et ses caractéristiques. Nous avons bien compris que les 8 Systèmes symbolisent l'Étoile et que le 9ème Système spirituel se trouve au centre, unifiant tous les autres. Je pense donc que ces systèmes sont peut-être disposés dans l'espace de cette manière, ce qui signifie que cette disposition géométrique porte en elle certaines propriétés, comme celles représentées par le symbole de l'Étoile qui apparaît dans les livres...

Ces points m'intéressent car j'ai le désir sincère d'avoir avec moi le symbole de "l'Étoile". J'aimerais vraiment porter, par exemple, un médaillon avec l'Étoile. Et beaucoup de personnes sincèrement dévouées à vous et aux Êtres Supérieurs aimeraient avoir avec elles un objet portant l'Étoile, rappelant que ceux d'En-Haut veillent sur eux et les guident vers Dieu. Après l'arrivée du Christ, les chrétiens ont commencé à porter des croix. Peut-être, après vous ou peut-être même maintenant, les gens commenceront à porter des Étoiles. C'est bien sûr, une pure supposition de ma part, mais en aimant de tout cœur cette magnifique Étoile, j'ai vraiment envie de la porter près de mon cœur pour qu'elle réchauffe non seulement ce dernier, mais aussi mon âme !...

Pourriez-vous éclaircir ce point en quelques mots, si cela est possible ? Nous vous en serions très reconnaissants.

Sincères salutations - D.V. Neprin."

Réponse : Ce rêve ressemble au rêve d'une autre personne (lettre 4), dans les deux rêves, l'Étoile descendait du ciel. Cela indique qu'il est temps de lancer dans la vie de l'humanité cette Étoile à huit pointes sous forme de pendentif (ou d'amulette). Et aux gens, dans leurs rêves prophétiques, leurs Guides Célestes ont donné certaines indications. C'est pourquoi nous donnons également nos explications sur ce symbole.

Il doit être nécessairement en trois dimensions, car chaque rayon est une pyramide triangulaire exagérée, dont la base se transforme en direction du centre, c'est-à-dire vers le centre du cercle, créant une autre mini-pyramide. Il doit avoir une construction géométrique spéciale, car chaque forme géométrique porte son énergie spécifique.

Cinq personnes nous ont informé qu'elles ont eu l'idée de créer ce pendentif. Les Supérieurs envoient à tous ceux qui peuvent réaliser leur idée dans la vie, tels ou tels signes ou rêves.

Mais la première personne à avoir pu matérialiser cette idée en transformant le symbole sur papier en pendentif est Denis Viktorovich Neprin, bien que l'idée de sa création soit venue à l'esprit de beaucoup. Et combien d'autres personnes ont des choses similaires à raconter.

L'idée de créer le pendentif est apparue dans l'esprit de Neprin D.V. en mai 2012. Il l'a appelé amulette et y a ajouté ses idées correspondant au travail de ce signe en conjonction avec une pierre précieuse selon le signe du zodiaque.

Ainsi, pour la première fois de nos jours, l'étoile de l'"Union" est sortie de la couverture de nos livres et a commencé à apparaître sur la poitrine des lecteurs. Cette marque est attribuée à une auteure (l'auteure de l'étoile de l'"Union" - L.A. Seklitova). Elle agit en tant qu'auteure du symbole et de son expression textuelle, tandis que ceux qui matérialisent cette idée sont les exécutants et les commanditaires du signe. Quel que soit le nom donné au symbole - pendentif, médaillon, amulette, il restera le symbole des neuf Systèmes hiérarchiques de l'"Union", exprimant leur collaboration. Chaque rayon portera la qualité d'énergie nécessaire à l'individu pour se construire en tant que représentant de la race dorée.

Le pendentif peut être en argent, en or ou dans d'autres métaux acceptables pour les bijoux, car tout le monde moderne ne peut pas se permettre un pendentif coûteux. Les amulettes peuvent être dorées ou en bronze. Cela n'a pas encore une signification particulière pour la cinquième race, car les gens eux-mêmes ne sont pas encore "dorés" et ne portent qu'un faible énergopotentiel. Cependant, la sixième race doit porter uniquement des pendentifs en argent, en or et en platine. Le pendentif en or reste idéal car l'or possède une très grande conductivité pour les énergies subtiles. Cependant, il peut y avoir plusieurs variantes de cette symbolique, tout dépendra des idées artistiques attirées par le pendentif. Par conséquent, on ne peut pas dire strictement qu'il doit être seulement de cette manière et d'aucune autre. L'essentiel est qu'il doit rester tel, le reste peut varier de manière analogue à la croix chrétienne. Par exemple, on peut comparer une simple croix en bois et ses multiples belles variantes en bijouterie. Il y a une pluralité, mais toutes fonctionnent également avec les énergies de l'homme de la cinquième race.

Cependant, soulignons que l'étoile à huit pointes est capable de porter des énergies plus puissantes, car ce symbole est destiné à travailler avec la sixième race, qui est plus puissante en termes d'énergie.

Le pendentif prendra vie sur la personne en interagissant avec ses énergies. Il accumulera les excès d'énergie de la personne et les lui restituera lorsque celle-ci s'affaiblira ou tombera malade, quand elle aura besoin d'une assistance énergétique. Il repoussera également certaines maladies contagieuses, moins puissantes que celles qu'il contient. Grâce à sa construction géométrique particulière, il créera un puissant champ autour de la personne, la protégeant et accomplissant bien d'autres fonctions. Il pourra même avertir de dangers imminents (il faudra simplement prêter attention aux signes spéciaux qu'il émet). C'est sa construction géométrique, comprenant des triangles équilatéraux, formant des pyramides et deux cercles (interne et externe), qui favorisera ces capacités.

Cependant, pour que le pendentif fonctionne à pleine puissance, du temps est nécessaire. Il faut aimer le pendentif (comme toute femme aime ses bijoux). Alors, il commencera à acquérir des propriétés magiques. Bien qu'il existe un rituel spécial pour charger le pendentif, seuls les initiés le connaîtront. Cependant, chaque personne distribuant le pendentif le consacrera également (et pour cela, il existe un rituel spécial connu seulement par quelques initiés), de sorte que les pendentifs ne seront pas simples, mais deviendront multifonctionnels. Pour l'instant, leur consécration est confiée à un seul distributeur.

*　*　*

Ainsi, l'idée de concrétiser le symbole de l'unité des Neuf Systèmes hiérarchiques - l'Étoile de l'Union - a été transmise d'En Haut à plusieurs personnes qui ne se connaissaient pas et vivaient dans différentes villes de Russie. N'est-ce pas un signe du Ciel ! Ce qui s'est produit prouve qu'une même idée peut être transmise simultanément par les Supérieurs à des personnes capables de la réaliser. Alors que certaines ne font que réfléchir à comment le faire, d'autres passent à l'action. L'initiative dans cette affaire appartient à D.V. Néprin. L'idée de matérialiser l'amulette a rencontré des difficultés, mais elles ont été surmontées. La matérialisation de l'Étoile de l'Union a eu lieu.

Cependant, les artisans-joailliers chargés de concrétiser cette idée en matière n'étaient pas préparés professionnellement pour fabriquer une construction volumineuse, ce qui a considérablement retardé sa production. Néanmoins, les créateurs des premiers pendentifs ont accompli leur mission avec succès.

Selon les desseins de Dieu, le moment est venu pour ce Symbole de se manifester dans notre vie. L'idée de concrétiser l'amulette de l'Union est venue à l'esprit de cinq personnes qui nous l'ont transmise, et peut-être y en a-t-il d'autres vivant dans différentes villes de Russie qui nourrissent des plans similaires.

Mais il faut souligner ce qui suit. Comment une même idée pourrait-elle venir presque simultanément à des gens séparés par d'énormes distances (Ekaterinbourg - Odessa - Krai de Stavropol - Moscou) et qui ne se connaissent pas ? Mais il s'avère que c'est possible. Et cela ne témoigne-t-il pas d'un miracle et de la preuve des desseins divins ?

Ce fait confirme également une autre de nos informations, à savoir que les idées sont envoyées à différentes personnes par les Maîtres Supérieurs depuis leur monde subtil. Ainsi, la matérialisation du symbole n'est pas une invention humaine, mais un plan de nos Maîtres. Et pour que Sa nouvelle idée puisse toucher le plus grand nombre de personnes en peu de temps, les Supérieurs la transmettent à des personnes vivant dans différentes régions de la Terre. C'est ainsi que les Maîtres Célestes dictent à l'homme ce qui correspond à son temps de manifestation dans la vie. Tout est en accord avec l'esprit du temps : quelque chose apparaît à un moment donné et disparaît à un autre.

Les chiffres 8 et 9 dans un symbolisme différent

L'Étoile de l'Union a 8 rayons, c'est pourquoi notre lecteur s'est intéressé à ce nombre. Le symbole mentionné ci-dessus exprime entièrement un arrangement spatial spécifique de huit Systèmes hiérarchiques, et le neuvième occupe une position spéciale permettant de passer d'une Hiérarchie à une autre à travers lui. Le neuvième Système unit différentes dimensions, et il est possible de passer d'une hiérarchie à une autre uniquement à travers lui. Cela signifie que si l'âme réside dans la cinquième hiérarchie et souhaite passer à la septième, elle doit se tourner vers la neuvième hiérarchie située au centre de l'Étoile pour effectuer cette transition.

La neuvième hiérarchie au centre a une apparence voilée et tout le monde ne la remarque pas. C'est pourquoi les gens parlent de huit hiérarchies, mais il faut toujours se souvenir qu'il y en a neuf, et l'Étoile de l'Union est le symbole non pas de huit, mais de neuf Systèmes hiérarchiques. (Il convient de noter que nous les avons rencontrés au début de nos contacts, mais nous nous sommes ensuite élevées aux Niveaux de la Hiérarchie de Dieu au-dessus de ces Systèmes donnés. Des informations complexes nous ont été données par Dieu lui-même et ses assistants. Ainsi, les informations nous ont été données par des Niveaux bien supérieurs aux Niveaux de ces Systèmes. Cependant, l'homme devra encore passer par une ou deux races : la septième et la huitième, pour atteindre leur Niveau, c'est pourquoi l'Étoile de l'Union l'aidera à augmenter l'énergopotentiel de son âme pendant les deux mille prochaines années.)

Étant donné qu'il y a neuf hiérarchies dans ce symbole, commençons par caractériser ce nombre. "Pour le neuf, l'essentiel est de servir les autres. Il doit apprendre et se rendre compte qu'il est important de donner aux autres ce qu'il a sans attendre quoi que ce soit en retour, sinon il rencontrera des ennuis et des déceptions. En donnant tout, il recevra des récompenses de sources auxquelles il ne s'attend peut-être pas.

À propos des propriétés positives du **nombre** neuf (pour éviter toute confusion, il s'agit ici du nombre et non des Systèmes), on peut citer : spiritualité, compassion, fraternité, achèvement, talent polyvalent. Les propriétés négatives incluent : égoïsme, impraticabilité, colère, émotivité, manque de concentration. (Svetlana Nekrasova, "Numérologie : encyclopédie pratique").

Ainsi, ce chiffre englobe des énergies capables de former de telles qualités chez l'homme. Il comprend certains types d'énergies, construits sur leurs fréquences, et en est le résultat. Cependant, les manipulations avec ce chiffre à travers des formules et des transitions numériques selon les lois de leur association peuvent impliquer différentes énergies parmi celles qu'il possède.

Ces neuf Systèmes hiérarchiques ont donné aux êtres humains les chiffres arabes, et donc les 8 rayons de leur symbolique ont des significations multiples spéciales, qui ont changé au fil du temps en fonction de ce que l'humanité devait apprendre dans la connaissance, quelles qualités devaient être acquises par certaines âmes terrestres, si ce n'était pas pour tout le monde.

Auparavant, le nombre huit rappelait à l'homme l'inévitabilité du châtiment, la vengeance en cas de déséquilibre entre le matériel et le spirituel, et la violation de la moralité.

Par exemple, Pythagore considérait également le "huit" non seulement comme un nombre sacré, mais aussi comme le nombre de la justice divine. Ses disciples, les pythagoriciens, en ont fait le symbole de l'amour, de l'amitié, de la réflexion et de la justice, ce qui est inhérent aux Systèmes Supérieurs qui contrôlent l'humanité et aspirent à la perfection dans son développement.

L'encyclopédie libre, "Wikipédia", témoigne que le nombre huit est à la base du "système octal", qui est "caractérisé par une conversion facile entre les nombres octaux et binaires... Dans la mythologie du Monde Plat, c'est un nombre interdit à prononcer, capable d'appeler des êtres d'autres mondes. La huitième couleur du Monde Plat (après les sept couleurs de l'arc-en-ciel) - l'octarine - est la couleur de la magie".

Le chiffre neuf est magique pour le Dieu Hermès, qui est le messager des dieux, le guide des âmes décédées, et également le transporteur d'informations sans lesquelles aucun échange ou transaction ne peut avoir lieu. En d'autres termes, il est lui-même lié à la Neuvième Hiérarchie, par laquelle toutes les transitions d'une dimension à une autre ont lieu dans les mini-hiérarchies, et il se charge également de transférer les âmes des personnes après leur mort. Ainsi, Hermès est associé à la Neuvième Hiérarchie qui supervise précisément dans l'espace proche de la Terre les structures techniques de collecte des âmes, s'occupant de leur purification et de leur distribution dans les Entrepôts d'Âmes après le Jugement.

Le nombre huit lui-même est le signe de l'infini, c'est pourquoi dans l'une des lettres (post. 6, annexe 1), deux huit sont placés au centre de l'étoile, disposés à un angle de 90 degrés, ce qui témoigne non seulement de l'infini du développement, mais aussi de la transformation du monde physique en monde spirituel. Victoria (lettre 4) a interprété l'étoile filante à sa manière, lui attribuant 12 rayons, mais c'est déjà une interprétation personnelle par l'individu du symbole qui lui est envoyé.

En ce qui concerne le nombre lui-même, il exprime l'infini. C'est le symbole de la loi, de l'accord, du conseil basé sur l'amour.

Dans le christianisme, le nombre huit représente la "renaissance", dans le bouddhisme - l'ensemble de certaines possibilités, en Chine - c'est le symbole de la chance, la base de l'organisation du monde.

Sans aucun doute, les concepts globaux associés au nombre lui-même resteront pendant toute l'existence de l'humanité, mais les objectifs spécifiques liés aux différentes étapes de développement changeront en fonction du temps.

L'un de ces concepts globaux, investis dans le nombre huit sur le plan spirituel, est le but suprême que toutes les âmes progressistes devront atteindre à l'avenir, en passant par huit races, huit civilisations sur Terre. La huitième civilisation est la dernière pour les âmes humaines. Bien qu'elles aient la possibilité d'accélérer leur développement et d'acquérir toutes les énergies nécessaires pour passer dans les mondes supérieurs à travers sept civilisations, cela dépendra entièrement des efforts de l'individu.

Journée « Lois de l'Univers »

Dans l'esprit des lecteurs, de nouvelles idées apparaissent sans cesse, c'est pourquoi ils continuent de proposer :

"...Aujourd'hui, le 6 janvier 2013, à la veille de la célébration de Noël du Christ par les chrétiens orthodoxes.

Grande gratitude et hommage à Jésus-Christ pour les 10 commandements donnés pour l'ère des Poissons. Mais le temps nous conduit impitoyablement vers l'Éternité et, grâce à à L.A. Seklitova qui a accepté les "Lois de l'Univers (Création)" données pour le développement de l'humanité au cours des 2 prochains millénaires - l'ère du Verseau, j'ai une question légitime.

Pourriez-vous désigner la date de l'adoption ou de la publication (la naissance dans le monde) des "Lois de la Création" comme une fête ? Une fête de l'Éternité et de l'Infini du développement... ou un nom que vous jugerez approprié ? Le Nouveau Temps nous a ouvert ses lois, ce qui est une fête pour nous. Dans cette entreprise, tous les habitants d'Odessa qui étudient les nouvelles connaissances et les Lois de la Création me soutiennent.

Peut-être que tous vos collègues et lecteurs nous soutiendront également. J'aimerais beaucoup que le nouveau livre traite de cette question et qu'une date soit donnée, afin que nous puissions nous réunir tous ensemble si possible et parler du travail accompli.

Victoria Buzhak, Odessa."

Réponse : "...Respectueusement envers les Précédents Enseignants et en reconnaissance de leurs efforts, sans diminuer en rien leur importance dans l'histoire, nous devons, avec vous, faire avancer l'humanité. C'est pourquoi votre proposition nous a semblé intéressante. Vous l'avez posée à temps.

Nous l'appellerons non pas une fête, mais "Le Jour des Lois de la Création (Univers)". S'il deviendra une fête pour les gens ou non, cela ne dépendra que d'eux.

La dernière loi a été acceptée le 31 décembre 1999, quelques heures avant la nouvelle année. (C'est leur année de naissance). Par conséquent, nous considérerons "Le Jour des Lois de la Création" comme le 31 décembre de chaque année, ce qui est également leur jour de naissance.

En ce jour, sur Terre, toutes les Lois ont été révélées, qui étaient destinées à être transmises à l'humanité pour les 2000 années suivantes.

Le premier livre des Lois est sorti en mai 2002 à Aleksandrov, dans la région de Vladimir, à 400 exemplaires (avec les fonds communs des auteures et des lecteurs).

Pour la première fois, le livre des Lois est sorti à Moscou aux éditions Amrita-Russie en mai 2003, à 5 mille exemplaires."

* * *

Chapitre 3

LE DÉVELOPPEMENT ET LA MORALITÉ
Un dicton (proverbe) sur le développement de l'âme

Le vieil adage "Ni à Dieu une bougie, ni au Diable un tison" évoque la qualité du développement de l'âme humaine, c'est-à-dire que l'individu à qui elle appartient a vécu sa vie de manière si méprisable et n'a rien appris qu'il est inutile tant à Dieu qu'au Diable. S'il avait évolué positivement, il aurait accumulé des énergies lumineuses et son âme brillerait comme une bougie pour Dieu. C'est pourquoi il est si important de s'efforcer d'être bon. Cela allume le feu divin dans l'âme.

Mais si une personne a vécu sans rien rechercher, sans rien apprendre, c'est-à-dire que son âme est devenue si inutile, incapable de quoi que ce soit, que même le Diable ne peut pas l'utiliser à ses propres fins, pour ratisser au moins des charbons ardents dans son enfer.

Ce proverbe s'applique aux personnes insignifiantes, incapables de rien, sans aucune aspiration. Il rappelle également métaphoriquement à l'homme qu'un jour, il sera confronté à un choix - vers quelle Système il doit aller : positif ou négatif. Et si Dieu et le Diable le rejettent, il devrait se demander ce qui lui arrivera ensuite ? Et ensuite, il ne peut y avoir que le décodage, la destruction de l'âme.

Le Jugement Dernier

Question : "A quoi servent les Jugements en premier lieu ?"
Réponse : Pour l'éducation de l'homme dans une direction positive. Dans la direction négative, il peut faire n'importe quoi, mais s'il souhaite accéder à la Hiérarchie de Dieu, il doit apprendre à respecter certaines lois morales. L'observation de ces Lois contribue à orienter l'âme vers la Hiérarchie positive de Dieu, tandis que leur non-respect la

dirige vers la Hiérarchie négative du Diable. C'est pourquoi dans la société, plusieurs organisations d'éducation publique ont été mises en place pour guider les âmes vers Dieu. Ce sont les garderies, les écoles, les établissements d'enseignement supérieur. Ils doivent non seulement fournir des connaissances, mais aussi enseigner quelles actions sont positives et quelles actions sont négatives, en inculquant les bases d'un comportement moral et éthique.

Et les Jugements sont un système rigide d'éducation et de rééducation de ceux qui n'ont pas appris les bases primaires du développement positif. Ils aident le Système Positif à lutter pour les âmes par le biais de la punition.

Le Jugement Dernier - c'est le jugement de l'âme après qu'elle a quitté le corps physique. Il est appelé "Dernier" parce que, premièrement, l'âme se présente devant le puissant énergopotentiel des Juges Supérieurs qui l'écrasent de par sa puissance. De même, les démons et les entités inférieures tremblent devant la croix, car l'énergie pure et élevée de la croix leur inspire de la peur et du tremblement. Cette énergie les brûle.

L'âme de l'homme devant l'énergie élevée et pure des Juges Supérieurs ressent également une honte extrême et réalise pleinement sa petitesse, car en comparaison, elle possède un potentiel extrêmement insignifiant.

Deuxièmement, lors de ce Jugement, le comportement de l'homme pendant sa vie est examiné avec indication de ses actes incorrects, ce qui fait rougir le prévenu, suscite des souffrances mentales et une honte pour ses actions commises. C'est une chose de pécher quand on pense que personne ne le voit, et c'en est une autre quand cela est exposé à l'examen public et condamné par les Supérieurs.

Et troisièmement, après le Jugement, vient une punition terrible - l'âme est dirigée vers le Purgatoire et là, dans les processus de purification, elle subit les tourments de l'enfer.

Celles qui ne désirent volontairement pas suivre les Lois Divines sont poussées à revenir sur le chemin positif par le biais des Jugements et des châtiments. Et lorsque cela ne suffit pas, l'âme est transférée dans le Système négatif.

Le Jugement Dernier révèle tous les détails de la vie d'une personne, cachés à autrui, aucune méchanceté, péché, mauvaise action ou pensée sombre n'échappe à l'attention des Juges Supérieurs. Pour l'individu, c'est effrayant, car cela est blâmé par ceux devant lesquels il s'incline, à qui il prie et demande protection dans les moments difficiles pour lui.

Question : Je souhaite rapporter des faits étonnants. En août 1978, des astronautes américains à bord de leur vaisseau spatial ont enregistré une explosion solaire lors de l'exploration des éruptions solaires à l'aide d'un spectrohéliographe. Du soleil, une colonne d'hélium s'est soudainement élevée jusqu'à une hauteur de 800 000 kilomètres. Et là, quelque chose d'étrange s'est produit. Les observateurs de cette colonne ont soudainement vu que le flux de gaz s'était figé pendant 70 secondes, et pendant ce temps, l'appareil enregistrait une vision terrifiante : des centaines de milliers de visages humains torturés dans les flammes éternelles sont apparus sur cette colonne de feu. Au début, les astronautes ont pensé que c'était une hallucination, mais les images des visages étaient très claires... Les données obtenues par les Américains sont actuellement étudiées en détail.

Dix ans après ce rapport, certains médias américains ont raconté à leurs lecteurs un autre événement fantastique. En utilisant un équipement spécialement conçu et un télescope pour les observations en infrarouge, des chercheurs de la NASA ont photographié un phénomène étrange dans l'espace ouvert : des fantômes de personnes et d'animaux décédés flottaient...

La science officielle, les parapsychologues et les membres du clergé n'ont pas pu expliquer cela, mais ont confirmé l'authenticité de la photographie. Un membre de la commission officielle d'experts a déclaré : "Nous savons depuis longtemps l'existence des fantômes. En mai 1993, nous avons pu voir ces entités dans l'espace à l'aide du télescope Hubble... Cependant, la direction de la NASA et le gouvernement ont décidé de garder ces informations secrètes jusqu'à ce qu'ils puissent expliquer aux gens la nature de ces formations lumineuses ayant l'apparence humaine."

Que pouvez-vous dire à ce sujet ?

Réponse : Nous donnons notre version et laissons l'homme choisir ce qui est le plus clair pour lui. Cela ne fait que confirmer ce que nous avons écrit dans le volume 4, " La naissance. La mort. Le karma" (série "Encyclopédie de l'ère nouvelle", section "L'homme de la race d'or").

Dans ce livre, il est dit que dans l'espace près de la Terre se trouve une construction du plan subtil qui rassemble les âmes après la mort. Cette construction comprend des salles d'attente, des salles de Jugement et le Purgatoire. Il y a aussi des endroits où les âmes subissent des châtiments. Pour voir ces constructions, il faut changer le champ de vision de l'homme. L'espace lui-même est un autre spectre de fréquences, une autre matière que celle directement sur Terre. C'est pourquoi le télescope Hubble a pu détecter des silhouettes humaines, ce qui indique sa capacité à percevoir dans l'espace une autre gamme d'énergies plus subtiles que sur Terre. Et les âmes, justement, sont une matière plus subtile, existant dans un spectre énergétique plus élevé. Ainsi, dans le dernier cas, lorsque des formes humaines et animales ont été enregistrées dans l'espace, cela concerne la fixation des enveloppes subtiles laissées par leurs âmes après la mort. Les enveloppes de même potentiel énergétique sont retenues dans une couche-filtre de notre planète et y sont conservées jusqu'à ce que des Systèmes spéciaux les enlèvent et les démontent.

Dans le premier cas, lorsqu'ils ont repéré les martyrs, cela peut s'expliquer par le fait que l'éruption solaire avec l'émission d'une colonne d'hélium et l'utilisation d'une technologie sensible aux énergies subtiles a permis de photographier ce qui se trouve sur le plan subtil de la Terre, dans ce cas, correspondant aux fréquences de perception du spectrohéliographe. La technologie était réglée pour percevoir la gamme d'énergies dans laquelle se trouve le Purgatoire avec des âmes inférieures. En effet, la structure pour la collecte des âmes fonctionne à différents niveaux d'énergies. Par conséquent, le niveau de fréquence d'énergie sur lequel la technologie de l'homme est réglée détermine ce qui est manifesté pour elle.

En d'autres termes, il a été possible de photographier ce qui existe dans une autre dimension, en particulier celle où séjournent les âmes inférieures des pécheurs. Si l'on change le spectre de perception des énergies subtiles avec la technologie terrestre, différentes constructions du plan subtil situées autour de la Terre se manifesteront. Mais tout cela ne sera que l'apparence de fragments des constructions subtiles, car l'homme n'a pas encore la capacité d'inventer un appareil qui fonctionnerait simultanément dans de multiples spectres d'énergies terrestres.

Si l'on inventait un tel appareil capable de fonctionner dans plusieurs spectres d'énergies subtiles, des plus basses aux plus élevées, alors il serait possible de voir toute la construction grandiose de rassemblement des âmes après la mort et de visiter ses différents niveaux. Pour l'instant, l'appareil a enregistré les spectres bas d'énergies, dans lesquels résident les âmes des pécheurs. Tout est à proximité de nous, mais dans des dimensions différentes, il faut donc apprendre à regarder au-delà de leurs frontières.

Ainsi, ce que l'on parvient aujourd'hui à voir se manifester dans l'espace, ce sont les constructions subtiles de la Terre et de ses structures auxiliaires qui travaillent avec l'humanité.

Question : Comme je l'ai compris à partir des livres des Auteures, avant l'arrivée de l'âme sur Terre (parlons d'une âme moyenne - 50/50, pas mauvaise mais pas encore tout à fait bonne non plus), sa programmation lui est présentée de manière très superficielle. Après la mort, elle se retrouvera probablement au Purgatoire, où toute l'énergie négative inutile qu'elle a accumulée au cours de sa vie sera purifiée. Elle ne rencontrera probablement pas son Déterminant, celui qui la guide tout au long de sa vie. Mais comment va-t-elle alors savoir ce qu'elle a fait de mal dans sa vie sur Terre et comment elle aurait dû agir "idéalement"? Comment se souviendra-t-elle de sa programmation après la mort et comprendra-t-elle où elle s'est écartée du bon chemin? Ou personne ne travaillera sur ses erreurs avec elle après la mort et elle devra tout corriger "à l'aveugle" dans les vies suivantes, jusqu'à ce qu'elle en prenne conscience par elle-même ?

Réponse : Vous devriez lire le volume 4, "La naissance. La Mort. Le Karma", l'article sur le Jugement et ce qu'il advient de l'âme après la mort. (Le volume 4 fait partie de l'"Encyclopédie de la Nouvelle Ère").

Dans ce livre, il est décrit en détail qui l'âme rencontre après la mort et qui lui parle de ses erreurs. Pour l'instant, je vais simplement dire que chaque jour de votre existence est enregistré sur la "bande de votre vie", qui se trouve dans une enveloppe subtile. Chacune de vos actions, ainsi que les actions des personnes avec lesquelles vous entrez en contact, est enregistrée, ce qui rend impossible de cacher quoi que ce soit aux Supérieurs, même les pensées.

Après la mort, votre âme voyage à travers les canaux du Distributeur jusqu'aux Salles d'attente, où vous attendez le Jugement Supérieur. Le jugement aura lieu le 40e jour.

Les Juges (Jugements) sont des Supérieurs spéciaux spécialisés dans l'évaluation de la vie humaine. Ils prendront votre "bande de vie" et la parcourront avec vous, examinant tout ce que vous avez accompli. Lors de cet examen, les juges arrêteront les scènes où vous avez mal géré une situation ou péché sans vous en rendre compte, et ils vous parleront de vos erreurs en face. Les âmes des gens éprouvent alors une grande honte pour leurs actions.

Les Supérieurs ont des spécialisations, tout comme les humains. Le Maître Céleste est l'un d'eux, les Juges en sont d'autres, et les Êtres Supérieurs qui écriront le programme de votre prochaine vie sont encore différents, et ainsi de suite. Tout est expliqué dans le livre mentionné. Et si on les lit attentivement, avec compréhension, on peut déjà appliquer cette information dans la vie.

Voici ce qu'un lecteur de la ville de Iakoutsk nous a écrit, par exemple. Il est artiste dans un bureau de "Services Funéraires", où il conçoit des monuments avec des portraits de défunts, des clôtures, des couronnes. Les proches qui passent commande sont dans un état de grande tristesse, beaucoup pleurent, et il se doit de les réconforter.

"...En connaissant vos informations, je peux réconforter les gens et soulager leur souffrance. Certains apprennent de moi pour la première fois que l'homme ne meurt pas pour toujours, et que l'âme reste éternelle et peut même voir et entendre les vivants. Vous savez, mes paroles les aident beaucoup, ils s'en vont avec un certain réconfort... Le plus important, c'est que leur sentiment de désespoir disparaît. Donc, vos livres m'aident à travailler avec les clients et à soulager leur souffrance. Merci pour cela.

Votre Omourtai, Iakoutsk."

Le "moi" supérieur.

Question : Le Moi Supérieur de l'homme - que faut-il comprendre à la lumière des nouvelles connaissances ?" Une réponse brève à une question similaire a déjà été donnée dans l'un de vos livres, semble-t-il. Cependant, j'aimerais clarifier : est-ce que le "Moi" Supérieur de l'homme se réfère à son Déterminant ?

Existe-t-il d'autres informations nouvelles à ce sujet ?

Il est tout à fait probable que cette question intéresse une grande partie de l'auditoire, par exemple ceux qui lisent Charles Leadbeater et les enseignements de Prokhorov, ainsi que d'autres auteurs qui parlent du "Moi" Supérieur de l'homme et du "Moi" Inférieur.

Réponse : "Je" de l'homme - c'est lui-même, et personne d'autre. Ne confondez pas l'homme avec son Enseignant Céleste. Ce dernier change d'incarnation en incarnation, tandis que le "Je" de l'homme reste indépendant, son état personnel. L'homme sera toujours lui-même et personne d'autre. Les gens ont beaucoup de confusion dans leur esprit.

Mais chaque auteur (comme Charles Leadbeater, Prokhorov, etc.) peut appeler l'élève et l'Enseignant Céleste à sa manière en raison du manque de termes unifiés parmi l'humanité.

Cependant, on ne peut pas appeler l'Enseignant Céleste Supérieur "Je" de l'homme. Ce sont deux personnalités différentes, chacune se développant à son propre Niveau et dans ses propres qualités. Les Enseignants Célestes changent au cours des réincarnations de l'homme, ils ne peuvent donc en aucun cas être considérés comme son supérieur "Je". Mais qu'est-ce que les auteurs (comme Charles Leadbeater et Prokhorov) ont en tête ? Ils auraient pu appeler le corps matériel le plus bas "Je" de l'homme, et son âme - le supérieur "Je", car elle est composée d'énergies d'un ordre supérieur et, à terme, elle est destinée à atteindre le plus haut Niveau de développement et à passer dans la Hiérarchie de Dieu. Chaque lecteur choisit ce qui lui est plus compréhensible.

Le comportement après le mariage

Question : "Je me suis récemment marié. Tout va bien entre nous, j'aime ma femme et je veux vivre heureux, mais il y a un problème. Par exemple, quand je vais au travail ou ailleurs, je ne peux pas détourner les yeux des jolies filles. Je ressens une forte tentation - j'ai envie d'aborder et de discuter avec une fille qui me plaît, mais je me retiens et je passe mon chemin. J'aime ma moitié et je ne veux pas me séparer d'elle. Quant à l'infidélité, c'est un péché pour moi.

Quel est mon problème ? Cela réside dans mes désirs, je ne sais pas comment me comporter correctement. Peut-être que j'ai une âme jeune et qu'il me manque quelque chose dans la matrice ? Que faire ?"

Réponse : Cher ami ! Sans aucun doute, vous avez une âme jeune et vous manquez d'expérience. Mais comme vous réalisez ce qui est juste et ce qui ne l'est pas, vous avez développé une certaine qualité de moralité. Cependant, vous êtes encore loin de la perfection, et vous pourriez céder à tout moment. Actuellement, la société ne pose aucune restriction dans ce domaine, et chacun doit lutter pour lui-même.

Cependant, à présent, à la fin du développement de la cinquième race, chaque personne est soumise à diverses épreuves, et autour de vous, il y a de nombreuses tentations. L'homme est testé pour sa fidélité et sa résistance aux tentations, et toutes les qualités de l'âme sont mises à l'épreuve. C'est pourquoi des femmes tentatrices, provenant à la fois du Système Positif et du Système Négatif, vous seront constamment présentées. Lorsque deux personnes du Système Positif sont tentées, elles sont soumises à une double épreuve pour évaluer leur vulnérabilité à la tentation.

Le Diable envoie à l'homme les sensations les plus agréables - la convoitise. Il est important pour lui de vous faire oublier vos principes et de vous faire trébucher. Faites attention à cela, sinon vous pourriez tomber dans un piège karmique pour longtemps. Si vous trébuchez, c'est-à-dire que vous trompez votre conjoint(e), vous serez rétrogradé dans votre développement, car des liens karmiques se tisseront, et vous devrez les travailler dans votre prochaine vie. Mais dans la vie suivante, tout pourrait se répéter, ce qui finira par amener une personne dans un système négatif. Est-ce ce que vous voulez ?

Il vaut mieux toujours essayer de se contrôler. Développez votre force de volonté, elle vous aidera à couper tous les appétits sans accumuler de péchés karmiques. La diversité dans la vie, l'intérêt pour elle doivent être trouvés dans la découverte de nouvelles choses, la créativité, l'engagement dans le sport. En d'autres termes, il y a des hobbies qui mènent au Système Négatif (vin, tabac, femmes, revente de produits finis, etc.), et il y a des hobbies qui mènent au Système Positif (ski, patinage, danse, musique, échecs). Il est important d'apprendre à faire la différence. Cela vous détournera de vos lacunes et accélérera votre chemin vers les Mondes Supérieurs. Et pour eux, il vaut la peine de renoncer aux petits plaisirs et aux plaisirs éphémères de cette vie.

En ce qui concerne spécifiquement les filles, il est permis de les admirer et de leur parler ; vous pouvez également leur montrer des signes de respect, mais uniquement dans le cadre du bon goût, c'est-à-dire que tout doit être fait de manière à ne pas offenser les sentiments de votre épouse. Ce sont des conseils spécifiques pour vous. Apprenez à comprendre les subtilités des relations entre hommes et femmes, car dans celles-ci, il y a toujours un "peut" et un "ne peut pas". En assimilant les notions de "peut" et de "ne peut pas", l'homme construit sa matrice de lois et les meilleures qualités de l'âme.

Si l'on parle spécifiquement des règles de comportement pour tous du point de vue de la plus haute moralité, tel que l'exigent les Maîtres Célestes, ces règles se durcissent après le mariage. Après la conclusion de l'union conjugale, ni le mari ni la femme n'ont le droit de regarder le sexe opposé comme un objet de leur attirance potentielle. Se marier (ou le mariage) signifie que toute la société en dehors de la famille doit devenir, pour ainsi dire (grosso modo), du même sexe, où l'âme n'a pas le droit de chercher une nouvelle distraction pour elle-même.

La vie n'est pas donnée pour chercher constamment des intérêts extérieurs, c'est-à-dire chercher des tentations ; elle est donnée pour le perfectionnement de l'âme, c'est-à-dire une exploration constante de la théorie et de la pratique, une connaissance éternelle. Jusqu'où peuvent être mesquins les intérêts d'une personne qui court après une autre "jupe", alors que devant elle peuvent s'ouvrir des espaces mystérieux de l'univers, d'autres mondes étonnants inconnus de l'homme. Il serait donc bon d'harmoniser ses petits intérêts avec l'inconnu qui existe autour de toi.

Et deux personnes sont unies par les liens du mariage non pas pour rechercher des plaisirs, mais pour aider à se développer mutuellement et à aider leurs futurs enfants dans diverses qualités. La famille n'est pas un divertissement, mais un grand et difficile travail de coexistence commune dans le but de faire progresser chacun.

Le mariage inégal

Question : «Bonjour, chers auteures ! Tout d'abord, je tiens à vous remercier pour toutes les informations que vous fournissez aux gens, pour cette lumière de vérité dont nous avons tous besoin ! Depuis l'âge de 17 ans, je cherchais quelque chose dont je n'avais aucune idée, je désirais autre chose, mais je ne savais pas quoi. Je croyais en Dieu, mais aucune religion ne me convenait. Un jour, j'ai mis la main sur votre livre "L'Esprit Supérieur révèle ses secrets". J'ai lu la moitié du livre dans le métro, ma joie était sans limites - j'avais enfin trouvé ce que je cherchais ! Merci aux Êtres Supérieurs pour cela ! Ma bibliothèque s'est ensuite remplie de presque tous vos livres, et grâce à eux, j'essaie de changer ma vie. Cependant, il est vrai que certaines questions restent sans réponse, c'est pourquoi je voudrais vous demander conseil - je ne sais pas comment agir dans cette situation ! J'ai un compagnon de vie avec qui je vis depuis 4 ans, et nous avons un enfant. Le problème est simplement que mon compagnon est plus âgé que moi de 24 ans. (Si j'avais rencontré vos livres plus tôt, je saurais déjà comment agir et peut-être n'aurais-je pas commis d'erreurs, mais malheureusement, tout est déjà fait et il y a beaucoup de choses dont je regrette maintenant.)

Après avoir lu vos livres, j'ai appris que cette différence d'âge est une violation grave des lois morales et est considérée comme une dépravation. Et maintenant, je ne sais pas quoi faire :

1. Nous séparer, mais que deviendra notre enfant sans son père ? D'un autre côté, j'ai déjà enfreint la loi et je ne pourrai pas échapper aux conséquences.

2. Ou bien officialiser notre union en nous mariant ? Mais j'ai peur que ce ne soit une autre erreur ?

Je suis à la croisée des chemins, j'y pense constamment et je ne sais pas quoi faire. Bien sûr, il y a des cas isolés de mariages similaires dans le cadre d'un programme spécial, mais je ne pense pas que ce soit mon cas. Cependant, mon cœur, qui m'aide beaucoup (surtout après avoir étudié vos livres, et je lui obéis), me dit que je ne devrais pas me séparer de mon compagnon. Aidez-moi ! S'il vous plaît, donnez-moi des conseils.»

Réponse : Malheureusement, les normes morales ne sont pas connues des gens aujourd'hui. Cela est nécessaire pour le Système négatif afin d'impliquer les âmes dans des infractions.

Vous avez deux péchés sérieux - un mariage non légalisé civilement, ce qui est considéré par les Supérieurs comme de la dépravation. Et une trop grande différence d'âge, ce qui constitue une violation sérieuse des énergoprocessus dans la cellule familiale. Vous créez d'énormes dettes karmiques. Et il faut supposer que l'intérêt matériel se mêle également ici, car généralement, les pauvres ne se marient pas avec une telle différence d'âge. Donc, il y a aussi une cupidité qui accompagne toujours les mariages inégaux. De plus, les enfants nés hors mariage reçoivent également de nombreux inconvénients, ce sont souvent des enfants du Système négatif. Ainsi, en ayant une liaison avec cet homme, vous pouvez vous attirer un karma tel que vous ne pourrez pas le défaire en 10 vies.

Cependant, vous avez pris conscience de certaines de vos erreurs et vous avez le désir de vous améliorer. Dans votre situation, je ne peux que vous conseiller ce qui suit - légalisez votre mariage et continuez à vivre avec lui comme vous le faites actuellement. Maintenant, l'essentiel est d'accomplir consciencieusement vos devoirs d'épouse et de mère, de les accomplir comme vous le feriez si votre mariage était initialement légal. Efforcez-vous d'être simplement humaine, compréhensive et attentionnée. C'est dommage que vous n'ayez pas pensé au destin de votre enfant. Vous obtiendrez de la joie, tandis qu'elle connaîtra la tristesse. Mais l'homme fait lui-même ses choix. Je vous souhaite de porter consciencieusement la croix que vous avez assumée. L'homme oublie toujours les conséquences de ses actes.

Le Développement de l'enfant

Question : Tous les enfants se développent selon leur propre programme. Mais les parents, ne sachant pas quel objectif a été fixé à leur enfant par le Haut, essaient de le développer selon leurs idées sur l'éducation : ils lui apprennent la musique, la danse, l'emmènent dans toutes sortes de cercles et de clubs sportifs. Mais qu'arrive-t-il à l'âme de l'enfant si les parents ne lui enseignent pas ce qui est prévu dans son programme ? Y a-t-il une sorte de destruction ?

Réponse : Si cela n'est pas inclus dans le programme de l'enfant, son âme effectue des ajustements supplémentaires, et il ne dévie pas du programme. Il suffit juste de veiller à ce qu'il ne se surcharge pas. Toute connaissance supplémentaire est un avantage. Cependant, avec l'accumulation de connaissances chez une personne, les complications suivantes peuvent apparaître. Si un enfant accumule beaucoup d'informations diverses, il lui devient plus difficile de choisir sa voie de développement, sa profession. Si c'est déjà un adulte, plus il saura, et par conséquent, comprendra, plus il lui sera difficile de vivre dans une société rétrograde en termes de vision du monde et de conscience. Cela a toujours été ainsi.

Il y a bien sûr une menace que, ne connaissant pas exactement son programme, l'enfant puisse emprunter un chemin déjà parcouru dans une vie antérieure, c'est-à-dire qu'il commencera à accumuler des énergies qu'il possédait déjà. Cela peut se produire, par exemple, sous l'influence des parents. Mais en réalité, cela ne se produit pas, car d'une part, l'âme ressent ce qui lui manque et cela se manifeste sous forme de désirs. Et d'autre part, elle ressent ce qu'elle a déjà en abondance. Deuxièmement, la matrice est construite de telle manière qu'elle n'acceptera pas les énergies répétitives. Et si elles existent déjà à l'intérieur de l'âme, l'enfant commencera à résister à l'enseignement qui lui est proposé. Le programme façonnera ses désirs conformément aux tâches que l'âme doit accomplir. C'est pourquoi l'enfant suivra inévitablement son programme.

La présence de programmes dans la vie d'une personne rend pour certains lecteurs incompréhensible le fait que la plupart des gens ne savent pas pourquoi ils vivent et vers quoi ils doivent tendre. Mais il y a toujours un objectif dans le programme, et les Déterminants poussent constamment l'enfant vers cet objectif et essaient de l'attirer de toutes les manières possibles pour attirer son attention sur ce dont il a besoin. Le Déterminant donne toujours à l'élève des signaux pour le diriger correctement, mais ce dernier ne les perçoit pas ou les déforme. Les gens sont aveugles et refusent obstinément de voir ce qui est évident. Ils sont plus attirés par les divertissements, la poursuite des plaisirs, qui les éloignent de leur voie. Il est donc important d'écouter chaque personne en évaluant les inclinations positives et négatives et en faisant un choix entre elles.

Chaque enfant aspire intuitivement à ce qui est inscrit dans son programme. Mais parfois, pour diverses raisons, il peut déformer les objectifs de son programme. C'est pourquoi il est important pour les parents de le guider vers le bien, la créativité et la bonté.

L'éducation des enfants

Question : "Nous avons un jeune enfant qui grandit dans notre famille. Nous avons une famille très harmonieuse et équilibrée. Nous pensons que l'exemple des parents est important pour un enfant. Il n'y a pratiquement aucune restriction pour l'enfant, il grandit dans l'amour et l'affection, la compréhension. Mais il semble que ce ne soit pas suffisant, l'enfant (1,5 ans) devient égoïste, exigeant. Les Supérieurs ont-ils des méthodes générales, des directives pour élever un enfant ? Quelles sont les qualités qu'il est important de développer chez lui ? Il y a beaucoup d'informations sur l'éducation des enfants, parfois contradictoires. C'est très important pour moi.

Réponse : Vous devriez absolument lire le livre de la série de l'Encyclopédie de la Nouvel Ère, volume 5, « L'Amour. La Famille. Les Enfants".

Les enfants peuvent être issus du Diable et de Dieu, ainsi que de bas Niveau ou de haut Niveau. Il est essentiel de faire la distinction entre eux. C'est pourquoi je vous conseille de lire le livre mentionné. Il est difficile d'expliquer ce dont un enfant a besoin sans savoir à quel système du Cosmos (positif ou négatif) il appartient. Tout d'abord, il faut déterminer cela en observant les qualités de l'âme qui se manifestent en lui. L'égoïsme est une qualité négative, mais il peut également appartenir à des âmes positives qui viennent d'être lancées dans la vie à partir du monde animal, c'est-à-dire des âmes de bas Niveau.

Le fait est que dans une bonne famille, il peut arriver intentionnellement qu'un enfant issu d'un Système négatif soit donné, afin d'établir un équilibre. Dans ce cas, il sera votre opposé. S'il est négatif, il convient de le stimuler activement dans les domaines des mathématiques (s'il a des aptitudes dans ce domaine), du sport, voire de l'orienter vers une carrière militaire, voire politique. Il est également bon de l'encourager dans le domaine de la construction, pour lequel les magasins de jouets proposent désormais divers ensembles de construction, ou encore de lui apprendre à surmonter les difficultés en lui confiant des tâches spécifiques. Tout cela, et bien d'autres choses encore, peut transformer les aspects négatifs chez l'enfant (et en général chez l'individu) en des qualités bénéfiques pour la société.

Il est également bon de favoriser la générosité de l'enfant, de le sevrer de sa cupidité naturelle, de lui apprendre à partager avec les autres ce qui lui est cher. Il est important d'enseigner la compassion, de compatir avec ceux qui pleurent, d'aider les malades. (C'est très important pour le Système de Dieu). Lorsqu'un petit enfant pleure près de vous, vous devriez amener votre propre enfant et dire : "Aie pitié de lui ! Donne-lui ton bonbon, caresse-lui la tête" et ainsi de suite. Il est préférable qu'un enfant apprenne à être compatissant lui-même face aux malheurs des autres, plutôt que d'être obligé plus tard de passer par des souffrances similaires pour développer un sens de la compassion et de la sympathie pour les autres face à ses propres malheurs. Il est nécessaire d'apprendre à l'enfant à se comporter correctement envers les autres dans diverses situations. Cela permettra d'éviter de nombreux liens karmiques.

S'il s'agit du Système positif du Cosmos, mais qu'il s'agit d'une jeune âme qui ne sait pas encore ce qui est bon et ce qui est mauvais, alors il faut lui enseigner la bonté, la miséricorde, à distinguer le mal du bien. Il est donc nécessaire qu'un petit enfant apprenne à respecter les ordres "peut" et "ne peut pas", et lorsqu'il sera capable de percevoir le sens des mots que vous prononcez, vous devrez alors lui expliquer pourquoi une chose peut être faite, et une autre - ne peut pas. Il apprend ainsi à voir les conséquences de ses actes et à comprendre l'essence du bien et du mal.

Il est nécessaire de fixer la conscience de l'enfant sur ce qui est mauvais, ce qui signifie qu'**il ne faut pas le faire**, car c'est un mal, et sur ce **qui est bon, ce qui est bien. Le bien doit être enseigné par des actions.**

Si votre enfant est issu d'un Système positif, il vous écoutera et apprendra à faire le bien. S'il provient d'un Système négatif, il fera preuve de caprices et ne fera les choses que selon ses propres désirs. Seules les punitions pourront le contenir. Cependant, cela ne signifie pas que vous ne devez pas l'aimer. Si vous avez été confié par le Destin avec un enfant négatif, vous devez l'éduquer de manière à ce qu'**il devienne utile à la société**. Il peut devenir un bon constructeur, inventeur, physicien, chef militaire ou politicien. S'il est négatif et a également un faible Niveau de développement, il serait bon de lui enseigner une profession qui lui permettrait de subvenir à ses besoins. La pratique du sport et des affaires militaires peut bloquer les aspects négatifs lorsqu'elles sont correctement organisées par la société.

Si vous avez une fille avec des qualités négatives marquées, différents types de sports peuvent également lui être bénéfiques : le patinage, la gymnastique artistique, la natation synchronisée, la course à pied, etc. Il existe de nombreux domaines créatifs parmi lesquels choisir, et vous pouvez toujours opter pour celui qui convient le mieux à l'enfant. Pour une fille plus âgée, on peut lui enseigner les sciences économiques, la comptabilité, l'ingénierie, etc. Il est important d'impliquer davantage l'enfant dans des activités sociales utiles et dans l'éducation au travail. S'il s'agit d'une jeune âme, elle développe moins son cerveau que ses qualités intérieures. Il existe certaines dépendances entre le développement de son corps matériel et de son âme, de sorte qu'en perfectionnant son monde intérieur, une personne contribue en même temps à la croissance de son niveau de développement. Il est nécessaire de détecter les dégradations à temps et d'en sortir la personne.

Le progrès de l'âme est primordial et il influence tout le reste dans le monde extérieur : lorsque les âmes progressent, le monde progresse et prospère, mais lorsque les âmes commencent à se dégrader, tout ce qui les entoure commence à se dégrader et à se détruire. C'est pourquoi il est important d'enseigner à l'homme à se fixer des objectifs et à les modifier si nécessaire, plutôt que de s'enfermer dans un seul objectif. Cela favorisera un progrès significatif de l'âme même au cours d'une seule vie.

La Pensée

Question : "Quel est le processus de transition de la pensée humaine lorsqu'elle passe au premier Niveau de la Hiérarchie de Dieu ? Comment la pensée passe-t-elle du travail du cerveau physique à la pensée d'une enveloppe, d'une matrice ? Après tout, comme vous l'avez écrit, chaque enveloppe a son propre centre-cerveau".

Réponse : Oui, chaque enveloppe possède un centre-cerveau de son propre Niveau : astral - centre astral, mental - mental, de la même manière que le corps physique possède un cerveau physique. Cela permet à l'âme, qui s'est débarrassée du corps physique, de penser sans le cerveau matériel et de percevoir normalement tout ce qui l'entoure dans le monde subtil. Mais comme le niveau moderne de l'homme est plutôt bas, le cerveau central dans les différentes enveloppes fonctionne faiblement, c'est pourquoi l'âme en dehors du corps physique n'est pas en mesure de se manifester activement et indépendamment dans la majorité. Ces centres-cerveaux doivent encore être développés. Mais le degré de développement du cerveau matériel reflète toujours le degré de développement des centres cérébraux des autres enveloppes.

Le centre-cerveau de l'enveloppe astrale se développe à partir de la participation humaine à toutes les actions sensuelles et émotionnelles liées à l'art, aux différentes formes de créativité et aux scènes de la vie quotidienne ; le cerveau mental se développe à partir de la cognition, des processus de comparaison, d'analyse, de choix et d'acquisition de nouvelles connaissances ; le cerveau spirituel se développe sur la base de pratiques spirituelles et de l'étude d'informations spirituelles, ésotériques et cosmiques de haut niveau.

La préparation de l'homme au premier Niveau de la Hiérarchie de Dieu s'effectue sur le plan terrestre à travers les processus de développement que l'humanité possède en grande quantité. En se perfectionnant, l'homme développe toutes ses enveloppes subtiles, et plus son cerveau physique se développe, plus les centres de pensée de chacune d'elles se développent, et tout cela est transmis aux matrices de l'âme, formant ses concepts, ses qualités de conscience et sa subconscience.

En d'autres termes, l'homme construit lui-même ses matrices d'âme. Le principe de l'auto-construction est inhérent à sa construction. Pour passer au premier Niveau de Dieu, il doit apprendre à penser avec une matrice, car lors de la transition, il devra se séparer de tous les énergocorps temporaires et, en particulier, du cerveau physique. La transition exige également que son âme développe un certain nombre de qualités et de nouveaux concepts nécessaires aux processus de pensée. En outre, la pensée doit posséder des qualités particulières de création, de maîtrise des opérations numériques et de contrôle du monde qui l'entoure.

L'ensemble des qualités nécessaires, et donc les énergies du potentiel correspondant, forment ses structures de pensée pour le plan Supérieur.

Deux nouvelles enveloppes

Question : J'ai une question à poser. Si vous pouvez y répondre, je vous en serai reconnaissant. Les gens de la sixième race auront deux enveloppes supplémentaires, quelles fonctions auront-elles et peut-être auront-elles des noms ?

Réponse : Nous ne nommons pas les enveloppes. Les représentants de la sixième race le feront.

Une nouvelle enveloppe, la plus proche du corps physique, favorise les capacités paranormales :

La seconde contribuera au transfert de la pensée humaine vers une gamme d'énergies plus élevée, la pensée acquerra de nouvelles propriétés, parce qu'une personne doit finalement apprendre à créer tout ce qui est désiré par la pensée sans utiliser les mains et d'autres outils. Il s'agit là d'une opportunité extraordinaire, mais la personne devra la construire sur les énergies d'un nouveau spectre d'énergies.

De même, la deuxième enveloppe contribuera à l'élévation spirituelle de l'être humain. La qualité de la spiritualité est globale. Son âme devra la développer à tous les Niveaux de la Hiérarchie Humaine, puis au-delà, dans la Hiérarchie de Dieu. Chaque enveloppe ultérieure contribuera à cela, car cette qualité doit finalement se transformer en une autre qualité - la qualité de l'élévation spirituelle, au centième niveau de la Hiérarchie de Dieu.

Le travail

Question : "J'ai récemment commencé un nouvel emploi. J'ai quitté mon ancien emploi parce que je faisais beaucoup d'erreurs. Mais j'ai aussi commencé un nouveau travail avec des erreurs, ce qui me rend confus et la question s'est posée : puis-je travailler et comment vivre ?"

Réponse : Il convient de noter qu'il a toujours été difficile pour les personnes honnêtes et responsables de leurs actes de s'intégrer à la vie sociale. Le passage de l'adolescence à la vie adulte et indépendante est difficile, car il faut se rappeler qu'une âme dans son incarnation passée aurait pu exister il y a 200 ans. Elle a vécu auparavant dans une autre société, où elle a acquis une expérience des relations complètement différente, qu'il est presque impossible de transférer dans la nouvelle société, parce qu'après 200 ans, elle devient complètement différente à tous les égards. La nature du travail change (par exemple, elle était greffière au tribunal, et maintenant elle est comptable dans une entreprise), les relations mêmes entre les personnes sont différentes. Tout cela crée des difficultés pour implanter l'âme dans le nouvel environnement social.

Il y a deux raisons principales à cela : la première est la jeunesse de l'âme, et donc l'expérience insuffisante de l'adaptation aux relations sociales, et la seconde est le long séjour de l'âme sur le plan subtil dans la « Voûte » (Entrepôt) des âmes, c'est-à-dire un long intervalle entre les réincarnations.

La troisième raison se réfère à une âme hautement morale. Si elle entre dans une société en dégradation pour certaines raisons, par exemple pour observer la dégradation des autres et en identifier tous ses signes, cela est aussi nécessaire pour l'expérience de l'âme elle-même, s'il est prévu d'En-Haut qu'elle devienne plus tard un dirigeant de quelque chose. Le futur dirigeant doit connaître les symptômes d'un début de dégradation et être capable de les corriger à temps, sans entraîner l'effondrement total de son entreprise.

Mais le séjour d'une âme élevée et décente dans une société en voie de dégradation lui impose des difficultés particulières. Si l'âme est très morale, il lui est tout simplement insupportable d'observer la bassesse du comportement, l'immoralité et la corruption qui règnent autour d'elle. L'âme voit qu'il est impossible de vivre ainsi, mais elle ne peut rien changer, car elle est placée dans une position de dépendance vis-à-vis des autres. Il lui suffit d'observer et de remarquer davantage toutes ces violations que les autres commettent. C'est ainsi qu'elle accumule de l'expérience, en apprenant des erreurs des autres. Il ne faut pas oublier que vous avez autour de vous une société en voie de dégradation et que c'est ainsi que ses éléments en voie de dégradation se comportent. Le refus de tous ces outrages et la non-participation à ceux-ci contribuent à la progression de la qualité d'une grande stabilité morale dans l'âme.

Il est difficile d'exister dans une vie laide, mais cela endurcit le caractère, aide la moralité à se perfectionner.

En ce qui concerne les erreurs, sur Terre, il n'y a pas encore d'êtres humains qui vivent sans en faire. Il ne faut donc pas avoir peur de les commettre, car c'est un processus normal d'apprentissage de nouvelles relations humaines par l'âme. Ce qui compte, c'est seulement de les reconnaître, de les identifier en cas de résultats insatisfaisants, et de les corriger autant que possible. Avec une telle tendance, l'âme développe un désir de justice.

La progression à travers les Niveaux de développement

Question : "Vous écrivez que dans une vie, une personne peut au maximum atteindre un seul Niveau (dans de rares cas, deux).

Ce qui est intéressant,je me suis analysé depuis mon enfance consciente jusqu'à aujourd'hui (j'ai maintenant 31 ans). Et je suis arrivé à la conclusion qu'il y a un an seulement, j'étais à un Niveau inférieur à celui d'aujourd'hui, et il y a 10 ans, j'étais inférieur de plusieurs Niveaux. Comment détermine-t-on en général son propre Niveau ou celui des autres ?"

Réponse : Je vais répondre à cette question étape par étape. Vous manquez de connaissances complètes, ce qui conduit à des erreurs. Premièrement, vous n'avez pas encore lu à propos de cela (nous l'avons écrit dans le livre "La vie dans le corps d'autrui"), une partie de l'intelligence d'une personne peut être bloquée, il est donc impossible de déterminer le Niveau d'une personne dans sa jeunesse. On peut seulement le définir comme bas, moyen ou élevé. Nous appelons uniquement à une telle détermination de niveau, car dans le même livre mentionné, il est indiqué que toute l'humanité a atteint seulement le 40ème Niveau de la hiérarchie humaine d'ici l'an 2000. (Et par rapport à ce 40ème Niveau, vous devez déterminer votre Niveau comme bas, moyen ou élevé).

La différence dans votre compréhension du monde ne provient pas d'une progression réussie à travers les Niveaux de développement, mais du fait que votre programme inclut progressivement votre intelligence passée à mesure que vous passez de la jeunesse à l'âge adulte. (Le processus progressif d'inclusion du programme est expliqué dans l'encyclopédie, tome 8, "Le sort, le Destin ou le rôle des programmes dans le développement"). Dans vos vies passées, vous avez déjà acquis un certain degré de raison (esprit), et votre programme l'inclut progressivement : pendant l'enfance, à 3 ans, à 7 ans, à 14 ans, à 20 ans, à 25 ans. Tout cela correspond à l'inclusion de différentes parties de votre intelligence acquise dans vos vies passées. Vous ne pouvez pas penser comme un homme de 50 ans dès l'âge d'un an, c'est pourquoi une partie de votre raison est toujours bloquée et s'ouvre selon le programme. (Je vous conseille de lire notre livre de la série "Encyclopédie de la Nouvelle ère", tome 3 "Le développement de la pensée").

La question suivante **concerne la lettre** :

"...Je parle spécifiquement des Niveaux (et ne les confonds pas avec les sous-niveaux), car les différences sont importantes. Par exemple, il y a quelques années, le pouvoir semblait être la valeur principale pour moi, je voulais l'atteindre. Je n'étais pas tout à fait honnête dans certaines affaires financières, j'aimais avoir des partenaires variés dans mes relations sexuelles. Maintenant, j'ai "mûri" pour accepter la règle d'or "Ne fais pas aux autres ce que tu ne voudrais pas qu'ils te fassent", j'ai adopté la justice et l'honnêteté comme norme de vie, et j'ai arrêté de chercher de nouveaux partenaires sexuels. Même mes sensations se sont intensifiées, mon âme est devenue encore plus sensible, chaque imperfection dans le monde qui m'entoure apporte de la souffrance. C'est comme si c'était "douloureux" de rester en dehors de l'appartement pendant une longue période. Les sensations sont directement tirées de Castaneda, où "Rien n'a d'importance"."

Réponse : Ce que vous avez dit indique que vous avez atteint un Niveau moyen. Le Niveau d'une personne peut également être déterminé par ses actions et ses attitudes envers elles. Mais le plus important est que vous êtes passé du chemin négatif (comme en témoigne votre aveu "Je n'étais pas tout à fait honnête dans certaines affaires financières, j'aimais avoir des partenaires variés dans mes relations sexuelles...") au chemin positif, menant vers Dieu. C'est ce que reflètent vos importants changements qualitatifs. Je vous félicite pour cette grande victoire ! Sans cette prise de conscience, vous auriez continué à aller directement vers le Diable.

Ensuite, vous demandez :

"... Comment peut-on comparer les informations des Auteures sur les Niveaux de la hiérarchie terrestre et mon expérience, qui dit que je me suis élevé dans cette vie sur plusieurs dizaines de niveaux ? S'agit-il vraiment d'une auto-illusion ?"

Réponse : Bien entendu, il s'agit d'une auto-illusion. Comparez-vous plus souvent à d'autres personnes, par exemple à un professeur de mathématiques à l'institut, à un directeur d'une entreprise de pointe, à un académicien. Possédez-vous des connaissances parfaites ? Si ce n'est pas le cas, cela signifie encore une fois que vous avez atteint le Niveau moyen jusqu'à présent. Le professionnalisme le plus élevé signifie également un niveau de développement élevé (mais encore une fois jusqu'au 40e Niveau). Après le 50e Niveau de la hiérarchie terrestre, les gens passeront à la maîtrise de capacités paranormales et d'autres capacités inconnues de l'homme.

"...Mais alors comment expliquer que j'ai perdu le goût de tout ce qui m'intéressait auparavant : le pouvoir, la richesse, la fréquentation du beau sexe ?"

Réponse : Il y a deux possibilités ici. Premièrement, cela pourrait indiquer que vous approchez de la fin de votre programme de vie. Cependant, cette phase de clôture peut encore durer plusieurs années. Deuxièmement, vous pourriez ressentir la fin du programme de la cinquième race, car de nombreuses personnes ressentent actuellement une perte d'intérêt, car la société a perdu ses objectifs principaux et ne sait pas où mener les gens.

Considérons que votre âme a ressenti la deuxième possibilité. Mais le plus important est que vous avez développé une conscience positive de la vie. **Les qualités positives de votre âme ont prévalu sur celles négatives**, ce qui signifie que vous allez évoluer vers la Hiérarchie de Dieu (si vous n'aviez pas eu cette prise de conscience, vous auriez évolué vers la Hiérarchie du Diable). Vous vous êtes sauvé vous-même... grâce à votre intelligence, sans aucun doute. Continuez à développer activement votre intelligence en lisant tous nos livres.

Les Niveaux

Question : "...Franchement, je ne comprends pas pourquoi on ne peut s'élever que d'un Niveau et au maximum de deux Niveaux au cours d'une vie. Dans le livre "les Révélations du cosmos", il est écrit que les enveloppes de Parfiria Ivanova se sont modifiées au cours de sa vie. Cela signifie qu'il a beaucoup progressé dans son développement. 10 à 30 Niveaux à la fois".

Réponse : Pour parcourir un plus grand nombre de niveaux, il faut des programmes différents, tels que ceux qui seront possédés par les représentants de la sixième race. Les gens modernes suivent un programme ordinaire.

Parfiria Ivanova est donné aux gens comme un exemple à suivre. C'est un Maître qui a une mission spéciale - enseigner à au moins quelques disciples le bon mode de vie. P. Ivanov est un cas unique. Ivanov est une âme hautement développée, sa programmation a été activée progressivement, et sur cette base, il a rapidement accumulé de l'énergie. Mais il a mérité un tel programme grâce à ses existences antérieures. Il lui a été donné comme récompense. Il y n'aura pas plus de 20 personnes comme lui sur Terre. Leur mission est de guider l'humanité.

En ce qui concerne les âmes ordinaires des gens, il est important de se comparer régulièrement aux autres. Il est également essentiel de se poser la question : "Qu'est-ce que je sais faire ?" Pouvez-vous, par exemple, maîtriser les mathématiques supérieures en une seule vie ? Pouvez-vous apprendre à concevoir des vaisseaux spatiaux ou à construire des bâtiments tels que l'aéroport de Sheremetyevo ? Les personnes qui les ont conçus ont perfectionné leurs connaissances en conception et en mathématiques supérieures, pendant au moins 10 à 15 vies. Mais nous pouvons voir le résultat du développement des âmes à travers leurs réalisations. Le développement n'est pas une méditation vide pour ceux qui ne peuvent pas penser, c'est un travail intellectuel persistant. Votre niveau sera évalué en fonction de ce que vous pouvez faire pour les autres. Bien que les niveaux spirituel et intellectuel chez une personne de la cinquième race puissent être différents. Alors, il est préférable de comparer plus souvent vos capacités avec celles des autres. Visez les meilleurs.

* * *

Chapitre 4

LA RELIGION
Une question sur les saints

Question : "Nous avons l'habitude de penser que les saints sont des personnes parfaites, mais il existe des exemples de saints qui, dans leur jeunesse, ont mené une mauvaise vie, ont été des voleurs et ont mené une vie d'âmes basses. Cela signifie-t-il qu'en une seule vie, ils ont franchi presque toute la Hiérarchie de la Terre d'un seul coup et sont parvenus à la sainteté ? Est-ce possible ?"

Réponse : Le titre de "Saint" ne signifie pas que cette personne était parfaite, qu'elle savait faire quelque chose de spécial ou qu'elle était intelligente. La plupart des saints reflétaient une foi inébranlable en Dieu, en Jésus-Christ. Leur vie était un exemple de la manière dont il faut croire et en qui il faut croire. Pour les distinguer des simples mortels, certains d'entre eux étaient dotés de pouvoirs miraculeux, attirant ainsi l'attention du peuple ordinaire sur eux.

Chaque saint avait sa propre mission et enseignait quelque chose de particulier aux gens. Si quelqu'un menait une vie erronée, puis se convertissait à la Foi et était ensuite reconnu comme Saint, une telle personne était un exemple montrant comment une personne du chemin négatif, menant vers le Diable, pouvait changer de voie pour se tourner vers Dieu. C'est important à comprendre.

La vie de chaque saint enseigne quelque chose de spécifique aux gens. La vie de l'un enseigne comment passer du chemin négatif au chemin positif, la vie d'un autre enseigne l'obéissance, celle d'un troisième enseigne la capacité à se contenter de peu (pain et eau), d'un quatrième enseigne à servir Dieu avec dévotion (vivre constamment avec l'idée de Lui et Le louer chaque jour dans les prières), et ainsi de suite.

Le titre de "Saint" a été donné pour que les gens le distinguent des autres et le prennent comme modèle de comportement. Autrement dit, il ne faut pas critiquer un Saint pour des actions passées (cela serait une mauvaise interprétation de sa vie), mais il faut voir autre chose - il a pu se comporter mal et s'est livré au brigandage, mais il a abandonné tout cela parce qu'il a réalisé dans quelle direction aller vers Dieu. (S'il n'avait pas eu cette prise de conscience, il serait allé vers le Diable). Le terme "Saint" était donné aux personnes qui devaient encore évoluer pendant 1500 à 2000 ans. Mais maintenant, les temps ont changé. Dieu a besoin d'intellectuels. Dans la sixième race, il n'y aura pas de saints, mais il y aura des personnes moralement élevées, vertueuses et intelligentes.

Les saints concentraient l'attention des gens sur le développement de certaines qualités dans leur âme, de sorte que les gens, en utilisant les exemples des saints, puissent les développer en eux-mêmes.

Le jour du sabbat

Question : "J'aimerais vraiment savoir quel est le jour du soi-disant Sabbat. Quand et quel jour ne doit-on pas travailler ?"

Réponse : Dans le judaïsme, c'est le samedi (Shabbat), le septième jour de la semaine, que la Torah (leur écriture sacrée) prescrit comme jour de repos, c'est-à-dire le dernier jour de la semaine où le croyant doit consacrer du temps à Dieu.

Chaque peuple a sa propre religion et ses propres coutumes, avec des rituels portant leurs traits individuels. Par exemple, pour les musulmans, le septième jour de la semaine est le vendredi, dédié à Dieu. Quant aux chrétiens, le jour qu'ils consacrent à Dieu est le dimanche, lié à la célébration de Pâques, d'où leur dévotion à ce jour.

L'œil de Dieu sur les symboles

Question : "Que signifie l'œil au sommet de la pyramide dans certains manuscrits anciens, sur des monuments anciens ou sur un billet d'un dollar ? Pourrait-il signifier l'œil de Dieu, et la pyramide elle-même signifierait-elle la hiérarchie de l'"Union" ?"

Réponse : L'œil est l'œil de Dieu qui voit tout. Il symbolise le fait que l'humanité est toujours sous la surveillance du Supérieur et de Dieu lui-même. Ce rappel est donné pour que l'homme voie toujours que tous ses péchés sont vus par le Suprême et qu'il sera strictement jugé pour chacun d'entre eux. La pyramide exprime la hiérarchie de Dieu, et les systèmes de l'"Union" en font partie.

Les prières

Question : "Veuillez me répondre, s'il vous plaît, en tenant compte du fait que dans notre monde tout est en constante évolution, de nouvelles connaissances, de nouvelles énergies émergent - y a-t-il de nouvelles prières (modernes), car de nos jours il est parfois difficile de trouver du temps pour aller à l'église et réciter de nombreuses prières ?"

Réponse : "Il n'y a pas de nouvelles prières, car elles étaient toutes destinées à la cinquième race et sont donc dépassées avec elle. Les anciennes prières sont basées sur le travail avec les énergies de la cinquième race, mais comme elle possède un faible énergopotentiel, les prières ont donc également une faible puissance. La Terre passe dans une nouvelle orbitale avec des énergies plus élevées et donc plus puissantes, donc maintenant de nombreuses personnes qui progressent activement ont un potentiel dépassant celui des prières. Par conséquent, les anciennes prières ne sont plus capables de protéger l'individu. (Elles continuent à protéger uniquement les jeunes âmes avec de faibles potentiels énergétiques).

Les textes des "Lois de l'Univers..." sont actuellement les plus puissants sur le plan énergétique. Lisez-les pour votre salut.

Il n'y a pas et il n'y aura pas de nouvelles prières. Notre cinquième race termine son existence, et la nouvelle sixième race qui lui succédera n'aura pas besoin de prières car ce sera une race de surdoués, d'intellectuels. Pour eux, les prières seront remplacées par de nouvelles connaissances élevées. En effet, les prières ont été données pour purifier les enveloppes subtiles internes. Leur énergie lumineuse devait nettoyer de "l'énergie sale" accumulée dans les enveloppes subtiles de l'individu au cours de la vie.

À présent, l'humanité a reçu une nouvelle Bible de feu, ce sont les "Lois de l'Univers ou les fondements de l'existence de la Hiérarchie Divine". Lisez les Lois sur la Substance de Dieu, et sur "le Perfectionnement dans le Bien". Ces lois ont une énergie si puissante qu'elles vous purifieront mieux que toutes les anciennes prières et ouvriront la voie au salut. Il faut savoir reconnaître la véritable "Main de Dieu" tendue vers vous pour vous sauver à travers les "Lois de l'Univers"."

Lucifer

Question : "J'ai une question sur Lucifer. Qui est-il ?"
Réponse : Lucifer est un ange déchu. Il a été remis au Diable pour désobéissance à Dieu, pour son insoumission et son comportement capricieux, dont souffre actuellement la moitié de la population moderne. Sur Terre, il est l'assistant du Diable, et il y a de nombreux assistants de ce genre, bien qu'ils aient une origine différente. Actuellement, de nombreux serviteurs du Diable séjournent sur Terre, c'est pourquoi se produisent toutes sortes d'accidents les plus incroyables, d'accidents malheureux et de catastrophes.

Question : ".... Deuxième question.

Il existe des informations selon lesquelles Lucifer a commis ses méfaits sur instruction de Dieu, pour accélérer le développement des êtres humains ? Aurait-il créé des conditions de vie plus difficiles pour les humains, mais sa mission serait maintenant terminée. Est-ce vrai ?"

Réponse : Lucifer exécutait les ordres de Dieu avant d'être déchu du Ciel. Les gens se méprennent à ce sujet. Lorsqu'il fut remis sous l'autorité du Diable, celui-ci lui donna des instructions sur les méfaits à perpétrer envers les humains. Sur Terre, Lucifer avait commis toutes sortes de méfaits uniquement sous les ordres du Diable.

Sa mission n'est pas encore terminée, et il continuera de nuire aux humains pendant environ 400 ans supplémentaires.

Ce que fait le Christ aujourd'hui

Question : Sur le site des auteurs, à la question "Que fait actuellement Jésus-Christ ?", il est dit qu'"...il participe directement à la gestion du destin de toutes les personnes sur Terre... Comme auparavant, il veille sur et souffre avec tous ceux qui demeurent sur Terre. Par conséquent, dire qu'il s'est déjà détaché des affaires terrestres, des gens - c'est tordre son âme et ne pas accomplir, ne pas respecter Ses commandements lumineux, car Il a dit qu'après avoir quitté la Terre, Il continuera également à veiller sur les gens depuis les Cieux..."

Mais déjà dans un autre livre ("Les Mystères des Mondes Supérieurs") il est dit que "...En ce moment Il est engagé dans le développement d'une nouvelle civilisation...". Il ne s'agit pas de la 6e race. Cette civilisation ne sera pas dans votre système solaire, et surtout pas sur votre Terre."

Réponse : Et pourquoi pensez-vous que les Êtres Supérieurs ne peuvent s'occuper que d'une seule chose et rien d'autre ? Vous limitez les domaines d'activité des Êtres Supérieurs. (Si Cicéron pouvait parler, écrire et écouter en même temps, alors n'importe quelle Personnalité Supérieure est capable d'accomplir simultanément des milliers de fois plus d'actions.)

Nous n'écrivons pas qu'il était engagé uniquement dans cette activité et dans aucune autre. Les Supérieurs, dans leur monde, sont engagés dans mille activités différentes. Et parmi cette multitude, nous indiquons celle qui intéresse le plus le questionneur. Même un être humain est capable de faire beaucoup de choses différentes. Par exemple, un physicien est engagé dans le développement d'une nouvelle théorie et compose en même temps de la poésie. C'est pourquoi, lors d'une soirée de poésie, on parle de lui en tant que poète, et lors d'un symposium scientifique, en tant que physicien ayant fait une découverte. Mais si l'on parle spécifiquement de sa biographie et de toutes ses réalisations, on combinera toutes ces capacités en qualités polyvalentes de la personnalité.

Ou prenons, par exemple, Léonard de Vinci. Lorsque l'on parle des célèbres artistes du passé, on évoque ses meilleures peintures ; et lorsqu'on parle de ses inventions, on le qualifie d'ingénieur. Si une personne est polyvalente, on peut parler d'elle comme d'un artiste dans une conversation, comme d'un ingénieur exceptionnel dans une autre, comme d'un sculpteur dans une troisième. Il était à la fois ingénieur, inventeur et poète.

Dans toute conversation, on mentionne le plus souvent un aspect particulier du talent ou de la capacité d'une personne, en fonction du thème que l'auditeur souhaite entendre. Et les Supérieurs possèdent mille fois plus de ces capacités. Pensez-vous vraiment que, au cours des 2000 dernières années, le Christ n'a pas développé de nouvelles compétences en lui-même ? Dans leurs mondes respectifs, les Supérieurs s'engagent simultanément dans une multitude d'activités diverses. Cependant, les humains ne sont informés que des choses qu'ils comprennent, plutôt que de recevoir une liste exhaustive des actions entreprises par Eux.

Que peut-on dire, par exemple, de l'activité de notre ministre lorsque l'on demande ce qu'il fait en ce moment ? Ce matin, il reçoit des invités en provenance du Mexique, après le déjeuner, il s'adresse aux téléspectateurs, et le soir, il fait du sport. Le lendemain, il voyage en Amérique pour une réunion aux Nations Unies, tout en continuant à prendre soin de son peuple. Si une telle variété de manifestations est accessible à l'homme, alors il va de soi qu'il en va de même pour les Supérieurs. Par conséquent, il est nécessaire d'élargir nos conceptions, ne serait-ce qu'initialement en ce qui concerne les activités humaines.

Lorsque l'on pose une question en utilisant le mot "maintenant" pour désigner un moment précis, cela apporte également des nuances à la réponse. En effet, chaque Personnalité, même sur Terre, accomplit quelque chose de différent à chaque instant précis, distinct de ce qu'elle fera par la suite, par exemple, dans un mois, six mois ou un an. De plus, les contacts ont toujours été établis à différents intervalles de temps. Parfois, ces intervalles pouvaient atteindre plusieurs mois voire même une année (en référence à l'intervalle entre les questions similaires posées sur le sujet spécifié). Les informations étaient fournies de manière régulière, mais en morceaux, sur des sujets très divers, et il fallait ensuite "assembler" ces fragments en un thème commun.

En d'autres termes, une approche non réfléchie de l'information par le lecteur engendre des contradictions dans son esprit. Le manque de développement de la pensée, l'absence de toute capacité de raisonnement logique, le dogmatisme des idées – tout cela crée des incohérences... mais toutes ces incohérences se trouvent dans son esprit.

Où se trouve le Christ ?

Question : "Pourquoi nos auteures sont-elles apparues sur Terre avec de nouvelles informations au lieu de la Seconde Venue du Christ promise par la Bible ? Pourquoi le Christ lui-même n'est-il pas apparu ?

Selon la Bible, la Seconde Venue doit être quelque chose de grandiose, tellement grandiose que tous les habitants de la Terre doivent le voir, tandis que nos auteures, au fil des années de leur travail, n'ont été reconnues que par quelques individus à l'échelle de la planète... Je ne veux en aucun cas diminuer leur mérite, je veux simplement comprendre !

Réponse : Tout d'abord, il est essentiel de comprendre que souvent la conscience humaine reste conservatrice. Ainsi, de la manière dont elle imaginait le Christ il y a 2000 ans, elle continue de croire qu'Il est resté le même et elle s'attend à le reconnaître tel qu'Il sera reconnu. C'est comme si un enfant emmenait son père à Alpha du Centaure, et que lorsque ce dernier reviendrait après 30 ans, il ne le reconnaîtrait pas et demanderait : "Pourquoi es-tu devenu différent ?" Il n'a pas pris en compte deux facteurs - le temps et le développement.

Mais nous parlons d'événements cosmiques. Ici, il faut tenir compte non seulement du temps et du développement, mais aussi des desseins des Êtres Supérieurs, qui évoluent eux-mêmes et perfectionnent leurs plans.

La méfiance de l'homme, cependant, est illimitée. Elle a toujours été réticente face à la nouveauté et continue de se cacher dans les âmes des gens de nos jours. La psyché s'attache obstinément à l'ancien, refusant de reconnaître quelque chose d'inhabituel pour elle. Il est plus confortable et sûr d'accepter ce qui est largement reconnu, c'est-à-dire d'être dans le même sillage que les autres.

N'est-ce pas une tâche trop simple pour l'homme - voir le même visage et y reconnaître l'Envoyé de Dieu ? La Terre est une école où l'on apprend tout, y compris à reconnaître l'Élevé par des traits distincts, et à voir la venue du Divin à travers des signes particuliers.

Lorsque le Christ est apparu sur Terre en son temps, il a été reconnu par un petit groupe de personnes, mais parmi elles, certaines se sont détournées de Lui pour les mêmes raisons - la peur du nouveau et la présence de leur propre conservatisme. Tout était comme aujourd'hui. Par la suite, cela a été imposé à l'humanité de croire que le Christ était le Fils de Dieu à travers les croisades. La Foi en Christ a été imposée par la force à travers la mort de milliers de païens. Comme il est facile de croire en ce qui est largement accepté ! Le Christ a dit : "Je ne suis pas venu apporter la paix, mais l'épée". Et ces paroles sont écrites dans la Bible car les Supérieurs savaient que la Foi en Christ devrait être inculquée par la force.

Cependant, l'histoire se répète. Les gens n'ont pas cru en Sa première venue, ni en Sa seconde, car ce sont des âmes immatures, à peine engagées sur la voie de l'évolution.

En ce qui concerne le sens de la Seconde Venue, il réside dans le test des âmes, dans leur réceptivité aux énergies supérieures. Il faut reconnaître Dieu et ses Messagers sous n'importe quelle forme dans laquelle ils viennent, de même qu'il faut reconnaître le Diable dans n'importe quelle forme. Cela dénote déjà la présence dans l'âme de qualités élevées en harmonie avec les énergies supérieures. C'est pourquoi ces âmes n'ont qu'à lire les Lois de l'Univers pour ressentir leur énergie élevée et comprendre qu'elles portent des écrits divins.

Dans la Bible, il est dit "Vous les reconnaîtrez à leurs fruits", et nos fruits représentent plus de 40 livres des séries "Au-delà de l'inconnu", "Encyclopédie de la nouvelle ère", "Magie de la perfection" et "Ésotérisme en aphorismes". Aucun autre contacté n'a fourni une information aussi récente et unique. La nouvelle ère apporte de nouvelles manifestations. Tout comme il est impossible d'entrer deux fois dans la même rivière, il est impossible de répéter exactement le même phénomène car le temps change, les âmes changent et le monde lui-même change.

Quant à la raison pour laquelle l'âme du Christ n'est pas réapparue dans notre monde, voici les explications :

1. Premièrement, au cours des deux mille ans qui se sont écoulés depuis l'apparition de Jésus-Christ aux humains, Il a parcouru un chemin évolutif si important que sa puissante âme ne peut plus être incarnée dans la matière terrestre grossière. Son âme brûlerait simplement le corps dans lequel elle serait incarnée. Le développement est l'accumulation d'énergie, donc en atteignant l'immortalité, Son âme, en progressant pendant deux mille ans, a acquis un potentiel énergétique si puissant qu'elle est devenue incompatible avec notre matière physique.

2. Deuxièmement, l'âme du Christ accomplit actuellement pour l'Univers et Dieu d'autres tâches plus importantes que la démonstration par une nouvelle apparition qu'"Il est le Fils de Dieu". Même s'Il revenait sur Terre dix fois avec un intervalle de 200 ans, en disant à chaque fois "Je suis le Fils de Dieu", le résultat serait le même : Il serait accueilli avec incrédulité, incompréhension et non-reconnaissance. Car à chaque fois, Son visage serait différent, Son corps serait différent. Il s'incarnerait dans différents corps. Et les gens ne reconnaissent que ce qui est reconnu par

78

la société, c'est-à-dire qu'ils adorent ce qui est largement accepté. Pour eux, il n'importe pas qui ils adorent - une idole de football, une chanteuse ou un artiste, pourvu qu'ils soient déjà reconnus et populaires. Reconnaître quelqu'un de nouveau en premier, c'est attirer les railleries et les moqueries des autres incrédules, car on risque de devenir soi-même un paria, persécuté par les non-croyants. C'est pourquoi ceux qui ont reconnu la Seconde Venue restent silencieux par peur de susciter une avalanche de railleries et de sarcasmes, tandis que les véritables incrédules, comme il y a deux mille ans, se moquent et calomnient ce qui est nouveau, car cela ne cadre pas avec leur conscience primitive, à peine sortie du monde animal.

Il y a maintenant sur Terre Vissarion Christ, il y avait Maria Devi Christos, Jésus Sananda... Et qu'en est-il de leur reconnaissance ? Les mêmes accusations à l'encontre de chacun, la même incrédulité persistante. Mais Dieu a averti à travers la Bible que des faux prophètes viendraient, et qu'il faudrait trouver le vrai parmi eux par le cœur. Si le cœur ne ressent pas, alors la personne n'est pas encore capable de percevoir le Divin et se guide par ses idées fausses et inventées. Mais si son âme a atteint un niveau élevé, en voyant le livre des "Lois de l'Univers", en ouvrant son troisième œil ou en ressentant les énergies, elle voit la lumière de ce livre Divin.

De même, les voyants voient la lumière dans de nombreux autres de nos travaux fondamentaux. Certains livres brillent plus intensément, d'autres plus faiblement.

3. Troisièmement, la même âme n'accomplit jamais deux fois la même mission, ce qui est encore lié à son développement. En parlant du projet de la Seconde Venue, les Êtres Supérieurs ont inséré un sens allusif dans ce nom. Il doit être compris comme l'événement dans l'histoire de l'humanité de notre race où se manifestera l'arrivée d'une âme élevée, semblable au Christ, et où il y aura une nouvelle Bible qui transformera la conscience des gens.

L'évaluation des âmes élevées

En opposition à ceux qui ne comprennent pas ce qui se passe, d'autres lecteurs non seulement accueillent avec joie tout ce qui est nouveau dans nos livres, mais attribuent également une grande valeur à notre travail. Je propose aux lecteurs de comparer deux lettres écrites par des Niveaux d'Âme différents. Vous avez lu ci-dessus la lettre d'une jeune âme, qui ne comprend pas grand-chose et se trouve déconcertée en confrontant ses propres conceptions avec celles présentées dans nos livres. Et maintenant, familiarisez-vous avec une autre lettre écrite par une âme hautement évoluée, ce qui fait que sa compréhension diffère radicalement de la première.

- - -

"Permettez-moi de vous écrire quelques lignes à la veille du Nouvel An. Ce qui l'a précédé a inévitablement marqué mon esprit, et donc j'ai le désir d'aborder des sujets plus importants et émotionnels.

Chers Maîtres ! Je tiens à vous informer que l'avant-garde des assistants de Dieu continue désespérément de lutter pour une victoire finale des forces de l'Esprit Élevé et du Bien. Même si nous sommes encore une goutte minuscule dans l'immensité de l'océan humain, comme le disent les marins, "nous portons les rayures". On peut en dire beaucoup pour chacun d'entre nous, même pour ceux qui ont été battus et brisés. De plus, vous nous guidez dans cette bataille - les combattants infatigables pour le triomphe des nouvelles Vérités sur Terre, nos éclaireurs, nos inspirateurs et les infatigables travailleurs cosmiques. Voyant comment l'année dernière, vous avez continué à vous battre avec dévouement pour l'humanité et la cause de Dieu sur Terre, et comment nous avons progressivement acquis l'expérience nécessaire, devenant plus forts dans cette bataille implacable entre les côtés adverses.

Il est clair que les processus de transition devront durer plus d'un siècle. Cependant, c'est maintenant que l'impulsion initiale pour les lancer se produit.

Je n'énumérerai pas ce que votre famille héroïque a accompli "pour la période couverte par le rapport". Je dirai simplement que l'"Encyclopédie de la Nouvelle Ère" s'est enrichie de nouveaux livres inestimables, derrière lesquels se cache non seulement l'Esprit universel impénétrable pour tout être humain, mais aussi un travail titanesque. Les chefs-d'œuvre que vous avez créés sont uniques en termes de qualité dans la manière dont ils englobent la Connaissance transmise en eux, de leur profondeur, de leur envergure, et ce qui est encore plus frappant, du temps incroyablement court qu'il vous a fallu pour les écrire et les publier. Un esprit ordinaire ne peut pas démontrer une telle puissance.

La création des livres de l'« Encyclopédie de la Nouvelle Ère » peut être tout à fait comparée à un acte héroïque, si l'on ajoute à cela l'atmosphère excessivement toxique dans laquelle ils ont vu le jour. Je saisis cette opportunité pour vous exprimer une fois de plus, au nom des personnes qui se dirigent résolument vers l'avenir avec vous, mon admiration sincère et ma gratitude pour votre résilience et votre courage, votre générosité et votre patience, votre capacité à surmonter l'impossible.

Je ne cesserai de répéter à quel point j'aimerais que vous soyez toujours avec nous. Les gens manquent tellement de bonté et de sagesse, de chaleur et de compassion, de raison et de responsabilité, de miséricorde et de tolérance, tout cela émanant de vos âmes cosmiques élevées qui se sont élevées si haut et si puissamment dans les hauteurs célestes. L'humanité dans son état actuel a besoin des Maîtres Célestes non seulement comme de l'air, mais aussi de ceux parmi eux qui sont courageux, infiniment aimés pour avoir pris le risque de descendre des cieux vers elle pour la sauver, assumant également le rôle difficile de ses éducateurs directs.

D'un autre côté, il est grand temps pour nous-mêmes d'atteindre de nombreuses réalisations par notre intellect et notre cœur, de prendre résolument le flambeau de la lutte pour la mise en œuvre des Idées Divines sur Terre entre nos mains. C'est de voir et de tracer infailliblement le chemin vers la Lumière dans cette obscurité abyssale qui a enveloppé notre planète en raison de l'indiscernement et de la naïveté de nombreux individus, de leur docilité et de leur complaisance envers le Mal.

Par votre exemple élevé, nous devons éduquer et multiplier parmi les gens les plus dignes, afin qu'ils puissent diriger et mener une lutte ciblée et pratique pour les Idéaux de Lumière, dans le sillage des Hautes Connaissances fondamentales, des Idées révolutionnaires et des orientations générales que vous avez transmis avec héroïsme. Le temps des guides aveugles, tout comme celui d'une congrégation docile et peu avertie, est révolu de manière irréversible.

Que l'année à venir, 2013, devienne la première année d'un véritable renouveau de la Terre, un moment où elle, semblable au symbole de la nouvelle année qui arrive, jettera ses anciens vêtements et s'habillera de nouveaux habits entièrement neufs - lumineux et magnifiques. Et avec elle, l'humanité toute entière avancera d'un pas ferme vers le rêve de l'Âge d'Or : des plus modestes aux plus grands !

Qu'elle découvre elle-même cette étoile guide la plus brillante que vous, chers et bien-aimés êtres sur Terre, mes véritables parents, amis et enseignants authentiques, avez allumée pour elle. Ne jugez pas sévèrement son choix qui a toujours été rejeté par vous, car chacun a le droit de choisir ses enseignants dans la vie, et j'ai fait ce choix depuis longtemps. Non seulement je ne le regrette pas, mais j'éprouve un bonheur indicible qui ne peut être exprimé en mots

Vous m'avez donné une véritable vie et l'espoir pour l'avenir, vous avez indiqué le but et ouvert les yeux sur le Vrai Dieu, changeant radicalement ma perspective du monde. Tout cela et bien plus encore ne peut pas être énuméré simplement. Personne, à part vous, n'aurait été capable de réaliser une telle révolution à grande échelle dans la conscience endormie du grand public. Et je porterai ma gratitude infinie envers vous à travers toutes mes incarnations ultérieures (si elles se concrétisent), afin de devenir un jour vraiment digne de vous, de votre attention et de votre confiance, de la chaleur de vos cœurs et de votre amour.

Que l'année à venir, 2013, qui ne sera certainement pas facile et sans nuages, nous donne plus de raisons d'optimisme, trace la voie vers de nouveaux sommets et multiplie le nombre de nos partisans sincères et désintéressés ! Surtout parmi ceux sur lesquels repose directement le destin de ce monde ici, sur Terre.

La victoire finale sur les ténèbres et l'ignorance sera sans aucun doute nôtre !

De nouvelles réalisations pour vous, de grandes victoires et beaucoup, beaucoup d'amour de la part de millions de personnes. Puisse l'année à venir enlever le voile des yeux des incrédules et des hésitants, et ériger une barrière solide et insurmontable contre tout mal dans leurs âmes et leurs cœurs !

Pisklakov A.N., Ekaterinburg.»

Une affaire dangereuse

Question : "Une de mes connaissances porte un pentagramme inversé autour de son cou. Je lui ai souvent dit que c'est un symbole du

Diable, mais elle n'écoute pas. Une fois, avec sa petite amie, nous avons essayé de donner ce talisman à une autre personne. Elle n'a pas pu s'en séparer pendant longtemps. Après un certain temps, elle l'a réclamé de nouveau.

Ce n'est pas tout. Aujourd'hui, j'ai appris que ce jeune homme avait signé un pacte avec le Diable en échange de ses capacités intellectuelles. En ce moment, il perd le contrôle de lui-même : il casse des verres, a brisé son téléphone. Au départ, il avait de bons projets, il est allé étudier, voulait ensuite aider les gens. Pendant trois ans, il ne mangeait pas de viande. Il disait ne pas vouloir causer de douleur aux êtres vivants. Et maintenant, soudainement, tout a radicalement changé.

C'est pourquoi j'ai cette question. Peut-on l'aider d'une manière ou d'une autre ? Si son pacte avec le Diable a un pouvoir, peut-on l'annuler ?"

Réponse : En effet, le comportement de votre connaissance est très douteux. Les sautes d'humeur indiquent qu'il y a une lutte en lui-même entre la partie positive et la partie négative de son âme. Si l'accord avec le Diable a été conclu sans rituel spécifique (il peut arriver qu'une personne demande simplement quelque chose mentalement), alors pour corriger la situation, il lui suffit de faire preuve de volonté pour se détacher de l'influence négative. Il serait bon de réciter des prières (chaque jour pendant au moins 9 jours).

L'arme la plus puissante contre le Diable pour une personne est sa Volonté, son courage et bien sûr la protection de Dieu. En d'autres termes, il doit lui-même demander à Dieu (mentalement) de le protéger du Diable, se repentir en admettant qu'il a fait une erreur dans sa jeunesse et demander pardon. Les êtres supérieurs devraient l'aider.

Si en revanche il a conclu cet accord par le biais d'un rituel, alors parmi les gens ordinaires, personne ne pourra l'aider, et il vaudrait mieux se tourner vers un magicien professionnel spécialisé dans ce genre de pratiques. Il existe des mages puissants capables de le protéger avec leurs rituels puissants, il faut les trouver. De même, il y a des prêtres tout aussi puissants qui peuvent se porter à la défense de quelqu'un. Cependant, la recherche doit être entreprise par la personne elle-même, en se battant ainsi pour sa propre cause.

Un autre accord avec le Diable

Question : "Je tiens à remercier les auteures de la série "Au-delà de l'inconnu" pour leur travail au service de l'humanité, pour les connaissances qu'elles nous ont transmises ! Je vis au Yémen, j'ai lu tous vos livres et je les ai tous apportés ici au Yémen et les ai partagés parmi mes compatriotes. Pour moi, ils sont comme un élixir pour l'âme, je vis à travers eux !

Cependant, j'ai rencontré un enseignement qui prêche soi-disant l'amour du monde, mais pour participer à ses rituels, il était nécessaire de prêter serment, ce que j'ai fait en croyant bien faire, décidant de m'engager dans la pratique. Ensuite, j'ai commencé à douter à qui j'avais prêté serment, n'ayant vu personne. N'est-il pas possible que je sois tombé entre les griffes du Diable ? Comment puis-je le déterminer ?"

Réponse : Il est actuellement impossible pour un individu de distinguer parmi ses pairs ceux qui sont des serviteurs du Diable et qui propagent ses idées parmi les gens, de ceux qui servent Dieu. La raison en est que le Diable masque habilement ses agents en se faisant passer pour des individus positifs. Seule une bonne connaissance de nos livres permet de comprendre qui est qui. Rappelez-vous que Dieu accorde toujours à l'homme une totale liberté dans toute action, tout choix. Un serment est déjà une serrure dont l'homme ne peut pas sortir. En donnant un serment, l'homme se place volontairement dans des limites restrictives, se rendant non libre, se transformant en esclave volontaire. Seuls les Hiérarques négatifs exigent toujours une soumission aveugle de leurs subordonnés.

En fait, après un serment, l'individu passe d'un programme libre de Dieu à un programme rigide du Diable, qui commence à lui dicter : "Fais-le de cette manière et pas autrement". Le Diable essaie d'attirer autant d'âmes que possible, il cherche donc des volontaires en tendant des appâts avec toutes sortes de vers tentateurs : à certains, il fera subitement un héritage, à d'autres, il offrira un pot-de-vin important, à d'autres encore, il séduira avec le pouvoir de gouverner les destins des autres. Autrement dit, il attire certains par des biens matériels, d'autres par des séductions spirituelles, jouant sur les meilleurs sentiments humains. Son meilleur atout est le mensonge, la ruse et la tromperie.

Cependant, tout n'est pas encore perdu pour vous. Il s'est écoulé peu de temps depuis que vous avez prononcé le serment, donc je vous conseille de faire ce qui suit.

Rendez-vous à l'église et allumez 3 bougies pour notre Dieu unique, le Père de Jésus-Christ. Lorsque vous allumerez chaque bougie, repentez-vous et demandez à Dieu de vous protéger et de lever le serment que vous avez fait par ignorance.

Voici comment vous pourriez approximativement formuler vos paroles : «Notre Dieu, Tout-Miséricordieux et Tout-Puissant, pardonne mon péché et romps mon serment fait dans l'ignorance. Je reconnais avoir pris l'obscur pour la lumière. Mon cœur t'appartient toujours, ô Dieu, et à toi seul. Amen».

Cependant, vous pouvez bien sûr utiliser vos propres mots, ceux qui vous viendront à l'esprit. L'essentiel est de se repentir d'avoir commis une erreur et de vouloir la corriger. Il est important de la remarquer à temps.

Il serait également bon, dans les deux prochaines fêtes religieuses, de vous rendre à l'église et d'allumer 3 bougies pour Dieu et de formuler la même demande. Si vous n'avez pas d'église ou de bougies religieuses dans votre région, vous pouvez faire la même chose trois fois à la maison devant une icône du Christ, en utilisant des bougies ordinaires. Le feu portera néanmoins votre requête vers le Haut. Et vous serez entendu, au moins par votre Déterminant.

Le traitement de l'état de possession

Question : "Je vous remercie pour le travail immense que vous avez accompli et pour avoir fourni des informations sur la structure de l'univers, sur Dieu et sur tout ce qui nous intéresse, en particulier moi. J'ai lu vos livres et je les lis encore d'une traite. Ils sont très riches en contenu et captivants. Depuis longtemps, je souhaitais obtenir des réponses à mes questions, et vous m'avez aidé à le faire.

Cependant, j'aimerais vous demander un conseil. J'ai essayé d'aborder ce sujet sur un forum, mais je n'ai pas vraiment reçu de réponse claire. Peut-être que vous pourriez m'aider. Récemment, il me semble que des entités issues de mondes parallèles me dérangent. Mes parents et moi avons consulté des médecins, mais cela n'a eu aucun effet.

Ces derniers temps, j'ai mené des expériences sur moi-même en relâchant complètement mon corps. Parfois, cela me provoquait une sensation similaire à des crampes aux jambes, mais je sentais que ce n'était pas mes signaux. Une fois, j'ai essayé de relâcher complètement mon corps et j'ai commencé à trembler. Cependant, récemment, je n'arrive même pas à me relaxer normalement. J'aimerais savoir comment me débarrasser de cela ? En général, je souhaite savoir et être sûr que personne ne m'importune, j'aimerais avoir un contrôle total sur mes actions, mes pensées et mes comportements.

De plus, lorsque je tremblais, j'imaginais une certaine entité et je la chassais de la pièce. Cela fonctionnait. Peu de temps après une telle "lutte", je ressentais du bonheur, de la liberté et une immense force intérieure. Cependant, après un certain temps, tout recommençait. Je ne voulais pas vous écrire cette lettre. Je pensais pouvoir me débrouiller seul. Mais il semble que j'ai quand même besoin d'aide."

Réponse : Dans le monde terrestre, parallèlement à celui physique, il existe de nombreuses entités de basse nature sur le plan subtil. Pour les humains, elles restent invisibles, et elles en profitent à leurs propres fins.

Ces entités s'insinuent dans les couches (enveloppes) subtiles d'une personne lorsque sa protection est affaiblie. Par exemple, l'ivresse, la toxicomanie, détruisent l'énergie d'une personne et affaiblissent ainsi sa défense. De même, les insultes constantes, le mode de vie libertin, la débauche affaiblissent également la défense. De plus, les jeunes âmes, ayant un faible énergopotentiel, sont les plus exposées à l'influence de ces entités, car un faible potentiel d'âme signifie un faible potentiel de protection. C'est pourquoi les entités du plan subtil attaquent activement les âmes jeunes qui n'ont pas encore pu développer leur potentiel de protection.

Ces entités qui s'insinuent dans les couches (enveloppes) subtiles de l'être humain absorbent son énergie et sont essentiellement des parasites énergétiques. Certaines d'entre elles maîtrisent le langage verbal et peuvent exprimer leurs pensées basses à travers l'appareil vocal de l'individu. De plus, elles peuvent donner des ordres à travers lui.

Les ecclésiastiques appellent ces entités de petits démons. Si une personne ne peut pas s'en occuper seule, une personne ayant un haut énergopotentiel peut l'aider en lisant des prières. Tout dépend des énergopotentiels des âmes, chez la personne qui les chasse, le potentiel doit dépasser celui de l'entité en question.

Le temps ajoute ses modifications aux méthodes de lutte contre ces entités et aux moyens de protection contre elles. C'est pourquoi nous apportons également nos ajouts. Cela est nécessaire en raison de l'évolution énergétique non seulement de l'homme, mais aussi de toute la Terre. Les méthodes de lutte contre la possession doivent être modernes. Malheureusement, la médecine moderne ne traite pas la possession.

Il est important de se rappeler que Jésus a également dit : "Mais cette sorte de démon ne sort que par la prière et par le jeûne." (Matthieu 17:21). Cependant, la Terre entre dans une gamme d'énergies plus élevée, ce qui signifie que l'expulsion des "démons" nécessite maintenant une énergie plus puissante de la part de la personne qui les expulsent. Il faut toujours se souvenir que l'expulsion des démons ne peut être accomplie qu'avec un énergopotentiel de l'âme largement supérieur à l'énergopotentiel des démons eux-mêmes. Ils ne craignent pas tant les prières en elles-mêmes que les énergies qu'elles portent. Ces énergies leur sont désagréables, elles les frappent, les brûlent.

C'est pourquoi les "Lois de l'Univers", qui portent en elles des énergies extrêmement puissantes, doivent servir de complément à la méthode existante et aux prières utilisées.

La méthode est la suivante : il faut lire l'une des Lois concernant Dieu dans son intégralité. Ensuite, les prières expulsant les démons sont récitées, tout en observant un jeûne. De plus, la personne possédée elle-même doit lire quotidiennement des prières, créant ainsi des conditions insupportables pour l'existence de ces parasites énergétiques à l'intérieur de ses couches subtiles.

Cette méthodologie modernisée de Jésus-Christ est très efficace.

Le nettoyage des enveloppes

Question : "Ma famille et moi sommes vos admirateurs depuis plus de 15 ans. J'ai assisté à toutes vos présentations à la Maison des journalistes et aux expositions de livres. Avant ma retraite, pendant 10 ans, j'ai utilisé des matériaux sur les Lois de l'Univers dans mes conférences et ateliers pratiques, principalement à partir du deuxième volume (j'enseignais à l'université médicale et à l'université russe-islamique). Les étudiants des deux universités ont presque totalement assimilé les nouvelles informations à hauteur de 100 %, sans même nécessiter une interprétation simplifiée. Les enfants absorbent instantanément les informations et en redemandent davantage. Ils demandent à réduire le volume de la matière principale pour augmenter la quantité de nouvelles connaissances Divines.

Lors de l'une de vos présentations, des informations ont été données sur le passage de la Terre vers une nouvelle orbitale, et l'humanité de la cinquième race vers la sixième, à condition d'avoir un karma nul. En rapport avec cela, j'ai une question : est-ce que la purification du karma sur un seul corps physique est suffisante, ou bien la purification du karma doit-elle s'effectuer sur les sept corps (étant donné que la purification du karma sur le corps causal est très difficile) ? Dans notre famille, nous utilisons la méthode de la révélation des causes profondes pour la prise de conscience, ainsi que la méthode de la prière. Est-ce suffisant ?"

Réponse : Oui, seules les âmes purifiées du karma passé et dépourvues de péchés entreront dans la Race d'or. Les individus faisant partie de la Race d'or commencent leurs incarnations selon un nouveau programme et sans karma. Ils auront deux à trois vies pour évoluer sans karma. La purification des âmes au cours de cette période de transition se fait à travers trois méthodes.

1. Par des prières ;
2. Par le repentir ;
3. Par l'action et la participation aux situations karmiques.

1. À travers les prières, la purification des enveloppes spirituelles se produit de l'intérieur. Les prières nettoient également les enveloppes des parasites énergétiques et l'enveloppe physique des attaches énergétiques, c'est-à-dire que les prières conviennent à la purification de tous les corps subtils existants, mais certaines d'entre elles les nettoient davantage tandis que d'autres le font moins.

2. "La meilleure prière est le repentir !" a dit l'archimandrite Roman, et en cela, il avait tout à fait raison.

Le repentir aide à démanteler les constructions incorrectes dans l'âme, ce qui est également lié à sa purification. La prise de conscience de ses erreurs est en soi un processus d'auto-purification. De plus, cette méthodologie permet à l'individu d'élever le niveau de ses conceptions, car en rejetant ce qui est incorrect et donc plus bas, l'individu commence à se reconstruire correctement à travers une nouvelle compréhension.

3. Cependant, la meilleure purification en cette période se fait à travers les actions de l'individu. Vous pouvez réciter des prières des milliers de fois et utiliser diverses méthodes mécaniques de purification, mais cela laissera la matrice de l'âme vide. La qualité des cellules se construit uniquement à travers les actions de l'individu.

Aucune méthode artificielle ne peut aider à développer la qualité de noblesse, d'amour pour autrui et de compassion. Ainsi, de nombreuses méthodes de purification utilisées actuellement sont une perte de temps. Elles sont illusoires. Cependant, la jeune génération doit être familiarisée avec les méthodes de purification éprouvées par le temps, telles que celles mentionnées précédemment. Les meilleures méthodes sont le repentir et la purification par l'action. Par exemple, un voleur a volé le portefeuille de quelqu'un, commettant un péché. Pour se purifier de cela, il doit rendre ce qu'il a volé au propriétaire et demander pardon. Ou il peut partiellement apaiser son péché (partiellement se purifier) en faisant une action charitable - donner une somme équivalente à celle volée à une maison de retraite, un hôpital, un orphelinat, etc. Il est préférable de donner trois fois la somme pour que la purification de l'âme se fasse avec une énergie positive plus puissante.

Beaucoup de choses que l'homme fait peuvent être purifiées uniquement à travers la loi de la cause et l'effet : "comme tu as agi envers quelqu'un à un moment donné, ainsi agira-t-on envers toi en temps voulu". Un tel karma, à travers une action similaire, contribue à la purification de l'enveloppe causale de l'âme. Cette purification est effectuée de manière contraignante à travers des programmes et des processus de purification après la mort.

Dans cette perspective de purification, un grand nombre d'âmes sont actuellement impliquées dans diverses situations complexes, des catastrophes, des accidents et des calamités naturelles.

De cette manière, les gens remboursent leurs dettes, qu'elles soient matérielles ou spirituelles. Les pertes matérielles sous forme de dégâts aux logements lors d'incendies, d'inondations, de tremblements de terre, sont le remboursement de dettes matérielles : les gens ont accumulé de nombreux excès de biens matériels. L'énergie qui leur a été donnée pour leur développement spirituel, ils l'ont dépensée pour des plaisirs matériels et le confort, sans penser à leur âme. Par conséquent, ils doivent maintenant compenser cette énergie gaspillée.

Participer à des catastrophes aide à éliminer les lacunes dans les qualités spirituelles de l'âme, car lorsque quelqu'un devient lui-même participant à un grand incendie, à des inondations dévastatrices ou à un tremblement de terre, causant des centaines voire des milliers de mort, lorsqu'il voit les souffrances et les horreurs qui se déroulent dans le monde, son âme endure de grandes souffrances. À de tels moments, elle est submergée par des expériences si profondes que de nombreuses anciennes croyances erronées se brisent, se désintègrent, c'est-à-dire qu'il y a une purification. Les hautes énergies pures de la nouvelle prise de conscience de la vie prennent la place de l'ancienne et incorrecte, ce qui entraîne une élévation de la spiritualité de l'individu.. Rien n'élève la spiritualité autant que les souffrances de l'homme, c'est pourquoi elles ont une fonction purificatrice et presque chaque individu les traverse, sauf s'il choisit de suivre la voie droite en temps de paix et d'augmenter son Niveau Spirituel grâce à de nouvelles Connaissances Supérieures.

Les nouvelles connaissances ésotériques aident l'âme à se purifier de beaucoup de choses inutiles, en remplaçant le potentiel bas des anciennes notions fausses et dogmatiques par leur propre potentiel plus puissant. Par conséquent, en atteignant le Divin, l'individu se purifie de lui-même, allégeant ainsi son destin. Il existe donc deux voies de purification :

a) l'auto-purification par la compréhension des connaissances ésotériques supérieures,

b) la voie de la purification forcée par la participation aux souffrances, l'équilibrage du karma.

Il est donc important d'apprendre à l'individu à agir correctement. Cela agit comme une prévention contre l'entrée de toute saleté dans l'âme. Développez davantage la morale supérieure. Seule elle peut purifier des impuretés.

À ce stade, il est possible de répondre à la question : les pratiques de la Dianétique (fondées par L. Ron Hubbard) sont-elles utiles ?

Réponse : Par exemple, si l'on utilise des méthodes de purification basées sur la scientologie, c'est une méthode artificielle qui ne conduit à aucune prise de conscience de ses erreurs et, par conséquent, ne favorise pas le développement de l'âme. Une méthode de purification artificielle sans compréhension des processus peut détruire non seulement les structures erronées de l'âme, mais aussi les structures correctes, ce qui la nuit. Dans la vie suivante, l'âme devra commencer à se construire comme si c'était à partir de zéro, créant ainsi des dettes énergétiques pour elle-même. En d'autres termes, la purification a lieu, mais elle peut aussi être destructive, il faut donc être prudent avec elle.

Il est donc préférable d'utiliser toutes les méthodes qui ne nuisent pas aux acquis essentiels de l'âme dans ses enveloppes subtiles et de rejeter tout ce qui est douteux.

Les âmes qui sont tellement souillées par un mode de vie débauché qu'il n'est pas logique de les purifier sont soumises au décodage. La poursuite constante du plaisir conduit à la dépense de l'énergie donnée par les Plans Supérieurs pour le développement de l'individu. De là naissent les dettes énergétiques (énergodettes). Pour certaines, elles deviennent si importantes qu'elles doivent payer pour eux avec leur existence éternelle.

Les Plans Supérieurs, par exemple, parlent de l'extinction des énergodettes de la manière suivante : "Nous amenons les gens au point où, pour les plaisirs qu'ils ont obtenus, nous commençons à exiger le paiement pour le Supérieur - leur vie".

Ainsi, l'individu doit toujours se rappeler que rien dans la vie n'est gratuit, et que le temps libre doit toujours être comblé par quelque chose d'utile, orienté vers le perfectionnement de l'âme.

*   *   *

Chapitre 5

DIVERS
Les sciences économiques

Question : J'aimerais savoir quel sens cosmique ont les sciences économiques ? Dans vos livres, il y a des informations sur les dommages du commerce pour l'âme positive, mais de nos jours, beaucoup de gens doivent travailler dans le domaine de l'économie ou interagir fréquemment avec lui. Ce n'est pas toujours du commerce trompeur, mais c'est toujours un calcul. J'aimerais savoir si les activités financières ou comptables nuisent beaucoup à l'âme et quelles sont les zones de l'économie moins préjudiciables à l'âme ?

Réponse : Le sens cosmique de l'économie est la comptabilisation et la distribution des énergies dans le cosmos. L'Univers Entier (Création) et notre univers ont une structure spécifique, et les énergies qui s'y trouvent ne fonctionnent pas au hasard, elles sont toutes comptabilisées et distribuées dans leurs différentes parties sur la base de calculs. C'est pourquoi il existe toujours des Systèmes hiérarchisés, qui tiennent leur comptabilité, les reçoivent, les stockent, les distribuent, les restituent. Et tout organisme vivant, volume, ainsi que tout objet artificiel - existe toujours, utilisant des énergies de sa propre qualité et de son propre ordre. Tout cela nécessite la présence des Substances Supérieures pour avoir une science similaire à l'économie terrestre. Les dépenses de n'importe quel matériau nécessitent une comptabilité, une épargne obligatoire, sinon les dépenses excessives peuvent menacer de mort des Systèmes cosmiques entiers.

L'économie est donc importante dans l'activité des Supérieurs, l'Univers entier est basé sur des énergies, et il est nécessaire de les prendre en compte pour le développement et le progrès, pour le passage d'un monde à l'autre. C'est ainsi que de nombreuses sciences, qui ont commencé leur développement sur Terre, le poursuivent aux Niveaux suivants des hiérarchies supérieures.

Si l'on parle spécifiquement du monde terrestre, il n'est pas du tout nuisible, mais utile de s'engager dans le financement et la comptabilité. Après tout, l'âme humaine est composée de parties positives et négatives, et elle doit donc être alimentée par les deux types d'énergie au cours du progrès humain (développement humain). L'essentiel est de faire son travail honnêtement et de ne pas s'approprier (surtout pour les comptables) les biens d'autrui.

Dieu a des énergies positives et des énergies négatives, mais de type lumineux, qui travaillent dans la Hiérarchie. Absolument toutes les Hiérarchies ont des énergies de signes opposés, mais appartenant à une certaine qualité. Il y a des énergies yin et yang dans le corps humain, mais elles n'entrent pas en lutte l'une contre l'autre, elles contribuent à l'existence de l'homme. Les qualités qu'une personne acquiert sont influencées par ses actions - qu'elles soient bonnes ou mauvaises. L'important n'est pas la profession qu'une personne exerce, mais les actes moraux et éthiques qu'elle accomplit. Celles-ci permettent de juger vers quelle Hiérarchie - Dieu ou le Diable - orienter une personne. Ce sont les actes moraux et éthiques qui font que l'âme acquiert des énergies négatives sombres ou des énergies lumineuses.

Tout domaine de connaissance a ses avantages et ses inconvénients. Une personne bénéficie de ce domaine de connaissances, mais cela nuit à l'autre… surtout si elle commence à violer la moralité et les lois de la décence.

La Terre est destinée à diviser les âmes en celles qui se tourneront vers Dieu et celles qui se dirigeront bientôt vers le Diable. C'est pourquoi tout ce qui existe sur Terre sert à la séparation des âmes. Pour cette raison, une personne, ayant été en contact avec les sciences économiques, continuera son chemin vers Dieu si elle reste honnête, droite et compatissante envers le malheur d'autrui. L'énergie négative acquise par les sciences économiques viendra remplir la partie négative de son âme, car elle est trinitaire et nécessite le renforcement des énergies des deux polarités. Cependant, le chemin de cette âme vers Dieu se poursuivra.

Et si une personne, se consacrant aux sciences économiques, se comporte de manière malhonnête, éprouve de la joie malveillante, cherche à se venger, se complaît cruellement aux dépens des autres, éprouve de la haine envers autrui, et ainsi de suite, c'est-à-dire si elle acquiert de nombreuses qualités négatives et sombres, elle sera livrée au Diable, peu importe à quel point elle peut être experte dans son domaine. Tout réside dans les qualités de caractère. Les qualités qui conduisent au bien mènent une personne vers Dieu, peu importe son métier (à l'exception des bourreaux et de certaines autres professions négatives). En revanche, les qualités qui sont répréhensibles par Dieu, qui engendrent le mal, conduisent une personne vers le Diable.

En ce qui concerne le commerce, s'il est basé sur des gains malhonnêtes et malveillants, c'est un chemin direct vers le Diable. C'est une tendance parasitaire dans les relations, où une personne travaille honnêtement tandis que cinq autres "lui sucent le sang", c'est-à-dire qu'ils la parasitent.

Mais, aucun domaine de l'économie ne peut être préjudiciable s'il est orienté vers le bien-être et la prospérité de chaque membre de la société, et non de quelques individus isolés. On peut exercer n'importe quelle science, même négative, pour le bien de tous et évaluer honnêtement ses forces par rapport aux autres, cela n'empêchera pas d'entrer dans un Système positif. Tout dépend, je le répète, du caractère de la personne, de son rapport au bien et au mal. Si un spécialiste aide son supérieur à exploiter de manière déloyale des travailleurs honnêtes, en sachant que c'est malhonnête, il accumule des énergies sombres car il participe à commettre le mal. Si ce spécialiste s'y oppose et quitte un tel supérieur, alors il sauve son âme.

Les sciences économiques, qui ont commencé sur Terre, poursuivent leur développement dans les mondes supérieurs de Dieu et du Diable. Là, il faut s'occuper de l'économie d'énergie, de la comptabilité et de la redistribution des énergies de différents types. Chaque type d'énergie fait l'objet d'un calcul. La question que vous avez posée touche à un sujet très vaste, mais j'espère que cette réponse vous permettra de comprendre l'essentiel de ce qui se passe dans la vie de la société et dans les mondes Supérieurs.

La cosmo-énergétique

Question : "Que pensez-vous de la technique de guérison de la cosmo-énergie ? Comment fonctionne la cosmo-énergie ? Comment l'énergie personnelle d'un guérisseur cosmo-énergétique est-elle dépensée lorsqu'il traite des patients ? Cette méthode n'est-elle pas dangereuse pour le guérisseur lui-même ? Comment se protéger en cas de négativité ?"

Réponse. 1. La cosmo-énergétique est une nouvelle méthode de guérison pour l'homme. Nous avons une approche positive envers celle-ci. Elle doit être étudiée, développée et ses méthodes doivent être utilisées correctement.

Actuellement, il interprète beaucoup de choses de manière incorrecte. Par exemple, il ne peut y avoir d'expansion de la conscience sans la compréhension de nouvelles connaissances supérieures. Les illuminations à court terme sous forme d'épiphanies ne peuvent pas être considérées comme une expansion de la conscience, car après cela, la personne n'est même pas capable d'expliquer ce qu'elle a appris pendant ce moment d'expansion de sa conscience. Seule une étude systématique et l'assimilation de nouvelles connaissances en remplissant la matrice de Concepts de nouvelles connaissances peuvent étendre la conscience d'une personne.

La méthodologie de guérison en cosmo-énergétique consiste à ce que le guérisseur puise de l'énergie dans l'espace cosmique et la transmette au patient à travers lui-même. Ou, s'il se soigne lui-même, il concentre cette énergie sur l'organe malade.

La cosmo-énergétique enseigne à manipuler l'énergie de l'espace environnant à l'aide de la pensée. C'est là qu'elle est utile. C'est utile lorsque la personne apprend elle-même à utiliser l'énergie pour sa propre guérison. Elle peut utiliser l'énergie du soleil et du monde environnant, ainsi que l'énergie envoyée par son Maître Céleste. Mais aucune énergie ne provient directement de l'espace cosmique. Il est trop éloigné de l'homme, et les couches-filtres de la Terre ne permettront pas l'utilisation de sources lointaines.

En général, la majeure partie de l'énergie parvient toujours à l'homme uniquement de son Maître Céleste, et non de l'espace cosmique ou même du monde environnant. Les énergies cosmiques sont gérées par les Supérieurs, et elles sont strictement enregistrées chez eux. C'est pourquoi personne ne vous donnera simplement de l'énergie. Cependant, on peut obtenir de l'énergie du monde environnant en fonction de l'échange d'énergie présent dans la nature, mais cela nécessite également d'apprendre.

En ce qui concerne les pratiques existantes, elles aident l'individu à se purifier et à remplir ses enveloppes subtiles avec des énergies correspondant à son Niveau de développement. La cosmo-énergétique sert de bonne prévention pour certaines maladies. Cependant, l'effet dépend de la qualification du guérisseur ou du professeur de cette pratique.

Si le guérisseur-cosmoénergéticien (aussi appelé médium) interagit avec les Supérieurs, ils enverront à travers lui l'énergie nécessaire au patient à condition que sa maladie ne soit pas karmique.

Pour le guérisseur lui-même, la méthodologie de guérison n'est pas dangereuse s'il est lui-même en parfaite santé. Cependant, s'il a un organe malade, une faiblesse dans son corps ou dans d'autres systèmes de son organisme, et qu'il n'en est pas conscient, l'utilisation de l'énergie cosmique pourrait frapper cet organe affaibli ou sa protection, et cela pourrait finir tragiquement pour lui. Beaucoup de choses dépendent de l'état de santé du guérisseur lui-même, car la matière physique peut commencer à supporter des surcharges, car toutes les énergies provenant d'En-Haut ont un potentiel puissant, et le corps du guérisseur pourrait ne pas supporter de telles surcharges.

Comme ces pratiques ne font que commencer à être apprises, le manque d'expérience du guérisseur peut le conduire à une mort prématurée ou à la démence.

Il est nécessaire de travailler avec les énergies cosmiques en utilisant l'aide de son Maître Céleste. Pour cela, avant de commencer à guérir un patient, il faut demander au Maître de venir en aide à une personne spécifique à travers le guérisseur. Après la séance de guérison, il est impératif de remercier le Maître pour son aide.

La meilleure protection pour une personne dans toutes les pratiques est de ne pas s'engager dans des processus qu'elle ne comprend pas. Il faut d'abord les étudier attentivement, comprendre la nature du processus, puis passer à la pratique.

Le Crudivorisme

Question : "Beaucoup de gens recherchent une alimentation appropriée pour eux-mêmes car les produits vendus en magasin contiennent de nombreuses substances nocives. Actuellement, par exemple, le "régime cru" ou ("raw food") est à la mode.

Les opinions des experts divergent, il y a des avantages et des inconvénients. J'aimerais attirer l'attention sur le fait que tous les légumes et fruits sont traités avec divers nitrates et produits chimiques. En entrant dans le corps humain sans aucun traitement, à l'état brut, ne pourraient-ils pas causer des dommages?"

Réponse : Bien sûr, chaque alimentation doit être individuelle car chaque organisme est différent. Ce qui est bon pour l'un peut être nocif pour l'autre. Cependant, nous exprimerons strictement notre opinion personnelle telle que nous la comprenons actuellement. Il se peut que dans un avenir proche, tout change et qu'il devienne nécessaire, que l'on veuille ou non, de manger cru, mais pour des conditions de vie normales, cela n'est pas adapté.

Le "régime cru" peut être bien pour les sauvages, en l'absence de conditions pour la cuisson des aliments. Le végétarisme est une chose, le régime cru en est une autre. Ce n'est pas le bon moment pour manger des légumes crus, il y a trop d'infections. Premièrement, comme vous l'avez remarqué à juste titre, la terre et les champs sont fortement traités avec des nitrates et des produits chimiques. Deuxièmement, les légumes crus doivent être soigneusement lavés avant d'être consommés pour éviter toute infection, ce qui prend beaucoup de temps.

La plupart des légumes poussent dans la terre (comme les pommes de terre, les radis, les oignons, l'ail) ou sont en contact avec elle d'une manière ou d'une autre. La terre est maintenant très sale, en plus du risque d'attraper divers parasites comme les vers, il faut prendre en compte le fait que les légumes peuvent être en contact avec différents animaux vecteurs de maladies telles que la grippe porcine, la grippe aviaire. Les souris, les rats, les marmottes sont des vecteurs de la peste, du choléra et d'autres maladies dangereuses. Beaucoup de ces maladies sont transmises à travers le sol. C'est pourquoi il ne suffit pas de laver légèrement les légumes une fois - sinon il faudra se soigner pendant longtemps. La cuisson pendant une heure tue de nombreux microbes et rend l'alimentation sûre.

Et si les légumes contiennent des produits chimiques, une partie d'entre eux passera dans l'eau pendant la cuisson, qui devront ensuite être égouttés. Ainsi, la concentration de ces produits dans l'aliment diminuera. C'est pourquoi nous pensons qu'il ne faut pas imiter les sauvages, ce n'est pas le bon moment. Le corps de l'homme moderne n'est pas préparé à ce type d'alimentation. Les légumes doivent subir un traitement thermique. Pour désinfecter les légumes et les fruits, on peut utiliser un four. Bien que les fruits poussent en hauteur au-dessus du sol, ils peuvent être manipulés par des vendeurs peu scrupuleux. Par conséquent, ils doivent également être soigneusement traités de manière spécifique : les laver avec de l'eau propre, voire mieux avec de l'eau bouillie; il est préférable de peler leur peau.

Il faut également ajouter que si une personne a de mauvaises dents, ce qui est particulièrement courant chez les personnes âgées, elle ne pourra même pas mordre dans une pomme. Les légumes crus nécessitent des dents solides, sinon les gencives peuvent être blessées. Sans dents, on ne peut pas manger de légumes crus, seulement cuits.

Cependant, bien sûr, cela peut être bénéfique pour certaines personnes malades. L'alimentation est toujours individuelle et chacun la choisit pour lui-même. Cependant, l'homme a souvent tendance à se jeter dans des extrêmes ou à suivre les tendances de la mode. Cependant, personne n'interdit de mener des expériences sur soi-même et de décider par essais et erreurs si ce régime alimentaire est bénéfique pour lui ou non.

Quant à la sixième race qui adoptera une alimentation végétale et recevra de l'énergie de l'extérieur, elle sera spécialement conçue à cet effet, de sorte que le corps physique ne souffrira pas du manque de protéines ou d'autres éléments.

Les jeux d'ordinateur

Question : "Quel est l'effet des jeux d'ordinateur sur le développement de l'âme ?"

Réponse : Les jeux vidéo aident à développer certaines compétences de base telles que la réactivité, l'attention et la pensée logique. Ils sont bénéfiques pour les jeunes et les âmes intermédiaires. C'est pourquoi ils sont attirés par ces jeux pour remplir leur matrice avec les énergies nécessaires.

Pour les âmes élevées, dont les matrices sont déjà remplies, de tels jeux ne sont pas nécessaires et donc ils ne les trouvent tout simplement pas intéressants.

Cependant, il y a des avantages et des inconvénients dans tout. Il faut tenir compte du fait que les jeunes âmes sont très influençables, et l'ordinateur a certainement un impact négatif puissant sur leur psyché, leur vision et leur organisme en général. Par conséquent, si l'on parle de l'impact négatif sur la psyché des jeunes âmes , il est nécessaire de les limiter considérablement dans le temps passé sur l'ordinateur, sinon elles peuvent être "zombifiées". La personne commence à perdre ses qualités personnelles et se soumet aux stéréotypes de comportement qu'elle a accumulés pendant les jeux d'ordinateur. De telles âmes peuvent ensuite facilement ouvrir le feu sur de grands groupes d'autres personnes, comme cela s'est produit récemment dans les écoles américaines. Elles ont acquis des stéréotypes de comportement des jeux où un héros imaginaire abat tous ceux qui se trouvent sur son chemin sans raison apparente. Cela s'appelle "zombification". Par conséquent, pour les jeunes âmes, elles devraient se divertir avec ces jeux pendant une heure maximum, pas plus. Cependant, nous réitérons que tout est individuel, donc pour certaines personnes, quarante minutes peuvent être trop longues.

L'influence de l'ordinateur sur les âmes en fonction de leur degré de développement doit être étudiée séparément. Il convient également d'étudier son impact sur la vision et l'état de santé en développant des appareils pour se protéger de l'impact négatif.

Les âmes moyennes et élevées, bien qu'elles ne soient pas sujettes à l'influence des jeux, peuvent être affectées par une utilisation régulière de l'ordinateur, ce qui peut avoir des répercussions sur leur santé.

Il ne faut pas non plus oublier les effets négatifs qu'il peut y avoir sur l'éducation des individus. À cause de l'ordinateur, les jeunes âmes ne savent pas communiquer entre elles et ont du mal à s'intégrer dans la vie sociale.

En même temps, les ordinateurs aident à stocker des informations, à établir des liens commerciaux et à faciliter de nombreuses activités professionnelles en introduisant des programmes à usage général. Ils aident à élargir la mémoire de l'homme. Cependant, dès qu'il y aura une forte éruption solaire ou une panne du réseau électrique, toute cette mémoire sera détruite et l'individu sera laissé avec ce qui est seulement dans sa tête, dans son esprit.

Dans toute invention, on peut trouver de nombreux défauts, tout comme des mérites. C'est pourquoi chaque personne a le droit de faire des choix sur ce qu'elle veut faire et comment elle utilise son temps. Et aux jeunes âmes, les aînés devraient donner des conseils.

Où se trouve Nibiru ?

Question : «Depuis maintenant trois ans, je suis témoin d'une étoile brillante à l'ouest-nord-ouest. D'année en année, elle devient de plus en plus lumineuse ! À l'heure actuelle, sa luminosité est telle qu'on peut observer une auréole autour de cette "ampoule" par temps froid, semblable à celle de la Lune. En général, leur luminosité devient comparable. Que disent les Auteures à ce sujet ? Est-ce que quelque chose s'approche de nous ?»

Réponse : Nibiru peut être hypothétiquement visible seulement dans l'hémisphère sud et très près du Soleil. C'est pourquoi l'étoile brillante que vous observez peut être l'une des planètes changeant de phase en fonction de sa position sur son orbite.

Quant à Nibiru, ne vous inquiétez pas. Elle est contrôlée et actuellement simplement en pause à un endroit spécifique de l'espace, donnant à toutes les âmes de la Terre la possibilité de compléter ce qui leur est destiné. Elle viendra en son temps. Attendez simplement.

Contacts

Question : "Je vis en Turquie. Je voudrais demander des conseils pratiques. Comment pouvons-nous apprendre à communiquer avec les Enseignants Supérieurs ? Pouvons-nous apprendre à déchiffrer correctement les messages qui nous parviennent ? Comment pouvons-nous entendre la voix de notre Maître Céleste (Déterminant) ?"

Réponse : Certains lecteurs nous écrivent qu'ils ont ouvert un canal de communication avec leur Maître Céleste, c'est-à-dire qu'ils ont commencé à l'entendre après avoir lu nos "Lois de l'Univers", ainsi que d'autres livres comme " Les Secrets des Mondes Supérieurs ", " Le Développement de la Pensée ". Les canaux s'ouvrent chez les personnes formées, mais pas chez tout le monde. Ils peuvent également être ouverts chez les jeunes âmes, car leur faible énergopotentiel est débloqué par la puissante énergie des livres, et elles commencent à entendre leur Maître

Céleste.

Il y a effectivement des variantes dans cette affaire. Une âme bien préparée fournira des informations correctes, tandis qu'une âme moins évoluée donnera des informations erronées car elle ne possède pas le niveau de connaissances requis pour ce type de travail. C'est pourquoi on parle toujours du Niveau de Contact.

Pour déchiffrer correctement les informations provenant des plans supérieurs, seules les connaissances accumulées par l'âme dans cette vie et les vies passées peuvent aider. Ainsi, voici quelques conseils : pour entendre votre Maître Céleste (votre Guide Spirituel), il suffit de lire nos livres "Le Secrets des Mondes Supérieurs," "L'Âme et les secrets de sa structure," et les tomes de la nouvelle série "Encyclopédie de la Nouvelle Ère". Ces livres sont très énergétiques et ils aident à ouvrir les canaux de communication des gens avec les mondes supérieurs. En particulier, le livre "Les Lois de l'Univers" est très énergétique. Lorsque vous lisez ces livres, vos pensées sont nourries d'énergie et elles peuvent s'élever assez haut à travers les couches-filtres de la Terre. Votre Déterminant vous entendra, et vous pourrez entendre Sa réponse, qui peut venir de manière télépathique ou sous forme d'une image.

Cependant, la précision du déchiffrage de l'information dépend du niveau de vos connaissances. Plus vous en apprenez, mieux vous pourrez déchiffrer les informations de votre Déterminant.

Par ailleurs, le désir de certaines âmes moins évoluées de diffuser des vérités dans le monde entraîne l'apparition de nombreuses informations fausses. Une personne suppose généralement que si elle commence à ressentir sa connexion avec le monde supérieur, alors toutes les informations qui lui viennent à l'esprit sont correctes car elles viennent d'En-Haut. Cependant, bien que l'Enseignant fournisse à l'individu des informations correctes, l'élève lui-même n'est pas préparé à ces informations étant donné son Niveau de développement actuel. En conséquence, certaines notions essentielles peuvent manquer dans son esprit, ce qui rend la traduction du signal en provenance du Monde Supérieur incorrecte.

Ceci peut être comparé aux traducteurs. L'un a étudié l'anglais à l'école primaire et connaît 10 mots, mais par naïveté, il est persuadé qu'il est déjà capable de traduire quelque chose ; un autre a terminé l'université et a la même confiance, et un troisième a non seulement terminé une université spécialisée, mais a également 10 ans d'expérience avec cette langue. Si on leur donne le même texte à traduire, il est évident que les traductions seront différentes. En d'autres termes, la raison pour laquelle les textes sont traduits de manière différente, voire incorrecte, réside dans les traducteurs eux-mêmes. Il en va de même pour les contacteurs. Il ne suffit pas d'établir un canal de communication avec son Enseignant Céleste - le Déterminant - et de comprendre ce qu'il répond à vos questions, mais il faut aussi être préparé soi-même, en termes de niveau de connaissance, à l'information qui descend d'En-Haut.

L'abstractionnisme

Question : "L'abstractionnisme est apparu comme un genre artistique à part entière dans les années 1910-1913. En quoi les peintures d'artistes ordinaires diffèrent-elles de celles des abstractionnistes ?"

Réponse : C'est un repli sur soi, dans son propre monde imaginé, un vol capricieux de l'imagination qui ne veut pas se soumettre à des règles ou des lois inhérentes à l'art figuratif.

Les peintures des abstraits ne reflètent généralement rien de concret, elles manquent d'une intention spécifique propre à l'art réaliste. L'image est souvent détachée du monde réel, c'est le chemin de moindre résistance pour l'artiste, car dessiner quelque chose de concret de la vie réelle est toujours difficile et demande beaucoup de travail. C'est pourquoi l'abstraction est le chemin de moindre résistance pour l'artiste.

Cependant, on essaie de le classer parmi des œuvres mystiques et cosmiques, où prétendument tout est aussi indistinct et incompréhensible. Mais c'est une autre erreur de l'homme. L'espace, l'univers, les mondes parallèles sont des constructions concrètes, basées sur des lois de construction rigoureuses.Et ce que l'œil humain y voit, compte tenu de sa vision et de sa compréhension limitées, conduit à ce que les constructions grandioses de l'univers et du monde soient présentées comme un chaos. Mais l'univers entier (Création) est le plus grand ordre. En d'autres termes, dans les peintures de caractère abstrait, l'homme exhibe sa vision erronée du monde.

Dans l'abstraction, l'artiste apprend à analyser le monde intégral en parties, en composant ses tableaux à partir d'éléments épars dispersés sur la toile. La séparation correspond au processus de dégradation ou de transition vers un Système négatif. L'artiste doit apprendre à unir le disparate en un tout, ce qui développe en lui une qualité positive. Et s'il essaie de diviser le monde intégral en éléments incompréhensibles, éloignés du réel, cela favorise l'accumulation d'énergies négatives en lui, car les processus de destruction sont sous la direction du Système Négatif.

Le monde n'existe que par l'unité. Et les Maîtres Supérieurs (Déterminants), en guidant l'homme vers Dieu, lui enseignent la communauté, l'unité. Toute la hiérarchie de Dieu repose sur l'unité d'esprit de chaque Substance. La Hiérarchie du Diable repose sur un autre principe.

Les rêves dans le programme

Question : Les rêves d'une personne peuvent-ils être inscrits dans le programme de sa vie ? Par exemple, si quelqu'un rêve de devenir artiste ou riche, ou s'il a des désirs et des rêves (comme rêver de s'enrichir ou de se venger), est-ce une tentation à surmonter ? Ou est-ce que tout est individuel pour chacun ?

Réponse : Les rêves professionnels sont liés au fait que le métier (artiste, réalisateur, homme politique) peut être inscrit dans le programme de vie comme une option. Mais si une personne n'a pas choisi cette option, les rêves restent des rêves.

À travers les rêves, certains désirs de la personnalité sont souvent réalisés, même s'ils s'éteignent. Il développe son désir dans le monde virtuel.

Mais les rêves peuvent être positifs et négatifs. Ils peuvent avoir différentes raisons de se manifester dans l'esprit d'une personne. Les rêves de richesse, de vengeance envers quelqu'un peuvent également être simplement une élaboration des désirs de l'individu à travers l'irréel. Mais cela peut aussi être un moyen de vérifier la personnalité, ses qualités individuelles. On vérifie comment une personne se comporterait si on lui donnait ce qu'elle désire. C'est un test des qualités, la révélation de leurs insuffisances. Par la suite, ces insuffisances seront travaillées par les Supérieurs en lui créant de nouveaux programmes. Il faut comprendre que les rêves de richesse, de vengeance - du point de vue du Système positif - sont vicieux, c'est vraiment une tentation avec laquelle une personne doit lutter au moins par la prise de conscience que cela mène vers un Système négatif.

En général, les rêves sont tous individuels et liés au programme de la personne et à l'élaboration de ses qualités spécifiques.

Comment les matrices sont placées dans l'âme

Question : «Il y a de nombreuses matrices dans l'âme et il y a une matrice de qualités et en même temps il y a des qualités dans d'autres matrices. On ne sait pas très bien comment elles sont placées les unes par rapport aux autres...»

Réponse : Pour comprendre, imaginez le corps humain. Le corps est un volume total, mais il contient de nombreux organes et chaque organe a sa propre place. Le corps est constitué de cellules, mais chaque organe est également constitué de cellules qui se développent de manière similaire, mais la qualité des cellules du foie sera différente de celle des cellules du cœur ou de l'estomac. Les muscles ont des cellules d'une certaine qualité, l'estomac a des cellules d'une autre qualité, les reins ont leur propre qualité. Il en va de même pour les matrices.

La matrice de l'âme est une matrice commune dans laquelle se trouvent toutes les autres matrices, chacune à sa place. Une cellule de n'importe quelle matrice a une qualité distincte de la qualité des cellules des autres matrices. La matrice commune forme un ensemble de qualités complètes de l'âme humaine. La matrice des Qualités forme les qualités du caractère humain, ses propriétés. La matrice du Subconscient forme les connaissances d'une personne, sa vision du monde et son degré de compétence dans différentes questions. Elle est aidée en cela par la matrice des Notions. La connaissance est introduite dans la matrice de la Conscience et du Subconscient par le biais des matrices des Notions et des Mots. Toutes les matrices sont interconnectées et ne peuvent fonctionner l'une sans l'autre. Le plus souvent, on visualise le corps humain et ses composants, ce qui simplifie la compréhension.

Le destin des acteurs

Question : «Les statistiques indiquent que le destin des acteurs devient souvent similaire à celui des personnages qu'ils interprètent. Et il y a, par exemple, certains films dans lesquels les acteurs refusent de jouer, sachant à l'avance que leur participation peut avoir un effet néfaste sur leur destin. Cela signifie-t-il que le destin d'un acteur et sa participation à un film donné sont déjà inscrits dans son programme, et donc que l'avenir est déjà prédéterminé pour lui ?»

Réponse : Les acteurs sont des gens superstitieux, mais ils ont développé une intuition et beaucoup d'entre eux sentent intuitivement leur avenir. Tout est inscrit dans le programme : jouer sur scène et répéter la même situation dans la vie. Cette situation est donnée à nouveau pour développer l'intuition et les qualités individuelles d'une personne.

Les âmes lors des séances spirites

Question : «Quand l'âme s'est définitivement déterminée dans le monde subtil, un autre programme commence à se déployer, et l'âme ne se souvient plus de sa vie passée dans le monde matériel. Alors, qui vient aux séances spirites en se faisant passer, par exemple, pour Pouchkine ou Staline, qui n'existent plus depuis longtemps dans notre vie, tandis que leurs âmes existent déjà selon un nouveau programme dans le monde subtil ou sont incarnées dans le monde terrestre ? Alors, qui vient aux séances des médiums ?»

Réponse : Les âmes ordinaires oublient leur vie terrestre au bout d'un an. Elles se développent dans le monde subtil selon un nouveau programme.

Mais les Supérieurs travaillent constamment avec la conscience de l'homme terrestre, essayant de l'attirer vers la connaissance du monde subtil, essayant de lui faire étudier ce plan. C'est pourquoi ils séparent les âmes individuelles qui sont populaires parmi les gens de la Terre, et ces âmes reçoivent des programmes spéciaux pour travailler avec l'humanité, en particulier pour apparaître aux médiums pour des séances spirites ou pour effrayer quelqu'un sous la forme d'un fantôme. Il s'agit là de programmes distincts des âmes. Et elles les accompliront aussi longtemps qu'il le faudra. Mais pour les âmes, rester 200 à 300 ans dans le monde subtil n'est pas du temps, mais un bref moment d'existence. En même temps, il ne faut pas comprendre un tel programme de manière étroite - comme une simple communication avec les gens par l'intermédiaire de médiums. Ces mêmes âmes poursuivent leur développement dans le plan subtil à leur Niveau, c'est un vaste programme. Et l'apparition dans le cercle des personnes terrestres n'est qu'un moment.

Il faut dire que dans 100 ans, les gens oublieront les âmes de Pouchkine, Gogol, Staline, ils cesseront de les invoquer, parce que la plupart des gens commenceront à voir eux-mêmes le monde subtil (et beaucoup le voient déjà aujourd'hui). Ils se verront eux-mêmes et verront les âmes qui partent vers l'autre monde, et ils n'auront plus besoin de prouver que quelqu'un se trouve dans le monde subtil et que l'âme reste éternelle après la mort. Les séances de médiumnité sont temporaires. Bientôt, tout changera.

* * *

Chapitre 6

TRANSITION
La mutation

Question : «Il a été vérifié par les plus grands scientifiques que, dans sa masse physique, une personne subit une mutation de 10 % et, chez certains individus, de 30 %. Par conséquent, je voudrais demander comment cette mutation se produit ? Que se passe-t-il dans le corps humain ? Que ressent-il, quels sont les symptômes qui apparaissent ? Peut-être moins d'envie de manger, des maux de tête plus fréquents, une perte de force, de la pression, des palpitations cardiaques, de la somnolence, de la fièvre dans le corps ou des vibrations dans le corps ? Quels sont les signes d'une mutation "sacrée" ?

Réponse : La mutation se manifeste et se ressent de manière différente chez les individus. Cependant, pour l'être humain, cela n'a aucune importance, car personne de la cinquième race ne pourra passer de manière autonome à la nouvelle sixième race dans son ancienne forme.

La mutation de l'organisme se produit par des changements dans ses cellules. Chez certaines d'entre elles, il y a une meilleure assimilation du tout nouveau spectre d'énergies pour leur fonctionnement. Les cellules qui ne mutent pas continuent de fonctionner avec les anciennes énergies (du Niveau précédent), tandis que les cellules mutantes fonctionnent avec les nouvelles énergies qui correspondent aux nouvelles énergies supérieures apportées pendant cette période par le Niveau de développement suivant. De même, cela se produit chez les individus : certains adoptent le nouveau, tandis que d'autres le rejettent.

La mutation est le fonctionnement des cellules avec de nouvelles énergies en s'adaptant à leurs fonctions et structures. Ces cellules changent par rapport aux autres. La biomasse d'un individu en mutation est capable de mieux s'adapter aux changements dans le monde environnant. En effet, actuellement, une grande quantité de nouvelles énergies du Niveau de développement suivant est en train de descendre sur Terre. Pour les personnes enclines à la mutation, il est plus facile de s'adapter à la nouvelle énergie, celle-ci ne les tue pas. Cependant, celles qui ne sont pas capables de muter pour diverses raisons ne supportent pas toutes les transformations qui ont lieu sur Terre lors du changement d'époque. Elles peuvent mourir plus rapidement, car l'environnement a changé alors que leur adaptation ne s'est pas produite.

En ce qui concerne vos sensations, elles sont liées à l'état de votre santé, à sa réaction aux changements de l'environnement, aux variations météorologiques et surtout aux nouvelles énergies, car actuellement, tout sur Terre change complètement. Cependant, bien sûr, si une personne subit une certaine mutation partielle, elle peut la ressentir différemment. Les symptômes de la restructuration de l'organisme ne sont pas étudiés par la science moderne, mais en les comparant à ceux d'autres personnes, ils peuvent être à la fois individuels et communs, c'est-à-dire qu'il y aura toujours des différences entre les individus et des similitudes.

Les symptômes tels que « maux de tête fréquents, fatigue, tension artérielle, palpitations, somnolence » indiquent que votre santé est affaiblie et qu'il est conseillé d'utiliser des méthodes de renforcement. La méditation peut soulager votre état si vous apprenez à la pratiquer correctement.

Les symptômes tels que "chaleur dans le corps ou vibrations à l'intérieur" indiquent que votre Maitre Céleste (ou Maître spirituel) effectue des ajustements énergétiques sur votre organisme en raison d'un déséquilibre. En même temps, votre corps est réglé par les vibrations pour travailler avec de nouvelles énergies élevées, ce qui signifie que vous serez nécessaire pour des tâches spécifiques à l'avenir.

Il n'existe aucune "mutation sacrée". C'est une auto-glorification de soi par l'homme.

Si l'on parle de savoir quels types de personnes, basses ou élevées, sont plus sujettes à la mutation, c'est individuel. Mais en général, les personnes de bas niveaux mutent vers des aspects déformés, tandis que les personnes élevées et spirituelles mutent vers le futur matière du corps. Cependant, aucune mutation n'aidera le corps actuel à entrer dans la sixième race. Pour cela, il faudra mourir et renaître, car le corps de l'homme moderne n'est pas construit de la même manière que le véritable corps de la sixième race.

Cela concerne principalement les structures subtiles. Les fonctions de l'homme moderne sont ajustées pour traiter la gamme d'énergies destinées à être utilisées par un représentant de la cinquième race, tandis que les fonctions d'un représentant de la sixième race seront ajustées pour traiter la gamme d'énergies du niveau d'énergie suivant. C'est comme si une voiture était construite pour fonctionner à l'essence, tandis qu'une autre fonctionne au diesel. Elles sont intrinsèquement différentes. Ainsi, aucune mutation du corps actuel ne permettra à l'homme de devenir un représentant de la sixième race. Il faudra changer de corps, tout son agencement.

Cependant, si l'ADN d'une personne diffère de celui des personnes qui l'entourent, cela signifie qu'elle est déjà un représentant de la nouvelle race.

L'énergie excédentaire

Question : «Il y a quinze jours, j'ai voulu poser deux questions qui me tourmentent depuis de nombreuses années. Mais ce qui est intéressant, c'est que dans ce processus de formulation plus claire des questions, j'ai peu à peu tout compris moi-même et j'ai répondu à ma propre question. Ma propre réponse est tout à fait satisfaisante à mes yeux, c'est pourquoi je la passe.

Une question n'a pas trouvé de réponse, c'est pourquoi j'aimerais en obtenir une de votre part. Elle est la suivante : On dit que le Cosmos est semblable à un entonnoir - autant qui entre, autant qui en sort.

Vos informations indiquent que les Systèmes supérieurs ont toujours besoin de recevoir non seulement un équivalent mais aussi une augmentation de l'énergie donnée d'"en bas".

La question qui se pose est donc la suivante : où, à partir de quoi un tel accroissement apparaît-il ?»

Réponse : Dans un univers isolé, la quantité d'énergie reste constante selon le principe de conservation. L'entonnoir est un mécanisme de transmission qui agit passivement sur ce qui le traverse. L'être humain est une biomachine qui traite de nombreux types d'énergies du plan physique sur la base de l'énergie primaire qui lui est donnée par le Maître Céleste. L'homme doit la transformer et la restituer au Divin avec un surplus.

Cependant, la connexion entre l'homme et son Maître Céleste (nous l'appelons souvent le Monde Supérieur) n'est pas la seule connexion. L'homme a de nombreuses autres connexions avec son monde : la nature, les animaux, les autres êtres humains. Il reçoit des énergies de différents types en provenance des planètes du système solaire, y compris du Soleil lui-même.

L'homme est construit de telle sorte qu'il reçoit, en plus de l'énergie du Monde Supérieur, une multitude d'autres types d'énergie de son monde physique : il transforme la nourriture en énergie, transforme l'air par ses poumons en une énergie subtile à travers des processus de transformation dans ses enveloppes. L'échange d'informations avec les autres humains est également un échange d'énergies. Cela signifie qu'il crée de l'énergie supplémentaire en recevant une énergie additionnelle provenant du monde extérieur. Cette énergie supplémentaire est créée par sa transformation et est destinée au Monde Supérieur. (Les liens externes de la biomachine humaine sont abordés dans les livres de la série "Encyclopédie de la nouvelle ère", Tome 1 "Création de l'homme", ainsi que "La Terre - une planète pensante").

Cependant, l'univers et chaque monde sont organisés de manière multidimensionnelle, ce qui signifie qu'ils possèdent non seulement une partie physique visible pour nous, mais aussi une partie invisible. La circulation de différents types d'énergies se produit entre tous les Niveaux de l'univers, du plus bas au plus élevé. L'homme, se trouvant au Niveau le plus bas, le plan physique, reçoit une certaine quantité d'énergie des Mondes Supérieurs. Il reçoit également une partie de l'énergie du plan physique à partir des aliments et de l'air, ses enveloppes subtiles interagissent avec les enveloppes subtiles correspondantes de la Terre. La science des nombreuses connexions de l'homme et de ses activités sur le plan subtil reste inconnue.

En résultat de ses interactions générales, il transforme l'énergie supplémentaire qu'il reçoit des autres en une énergie de qualité supérieure et la renvoie au plan Supérieur, accompagnée d'un surplus sous forme d'énergie mentale et d'autres types d'énergie.

Ainsi, il crée de l'énergie supplémentaire en transformant l'énergie physique, y compris l'énergie du Soleil qui entoure le monde matériel, transformée par son organisme, ainsi que l'énergie de plusieurs plans subtils.

L'énergie dans la Création (Univers entier)

Question : «La paradoxalité de l'existence réside dans le fait que l'infini sous forme de perspectives de développement et de sa direction est lié à la régularité et à la relativité limitée des ressources de cette existence. Autrement dit, quel que soit le "sommet" que la Substance atteint, il y en a toujours un suivant, et ainsi de suite. Ceci est magnifiquement exposé dans votre livre "Les Lois de l'Univers ou les bases de l'existence de la Hiérarchie Divine".

Cependant, tout cela coexiste avec, par exemple, des volumes spatiaux limités, des potentiels limités, les lois mêmes de l'existence, etc. En conséquence, on peut en déduire que tout l'Univers est un système cohérent, où rien n'est superflu, et que toute son existence est soumise à des lois déterminées. Ce système suppose l'existence d'un Esprit Supérieur - un "Constructeur", qui est également construit en conséquence.

En partant de la limitation (relativement parlant, même si elle est infinie par rapport à nous) de la base de ressources, la question se pose : d'où provient-elle ?

Nikola Tesla disait que nous ne créons pas d'énergie, mais que nous ne faisons que transformer l'énergie existante. Les énergies sont-elles vraiment inépuisables et n'ont-elles pas de source originelle ?

Réponse : Vous avez répondu à votre propre question : les énergies circulent dans la Création (Univers entier) à l'infini, se transformant d'un type à l'autre. La notion de ressources limitées ne s'applique qu'à un volume spécifique d'un certain niveau d'existence, tandis que dans l'Univers Entier (Création), il y a encore une fois une multitude infinie d'entre eux Par conséquent, lorsque dans un volume une certaine quantité d'énergie diminue, dans un autre ou d'autres volumes, elle peut être dispersée dans plusieurs volumes d'ordre inférieur à la fois. Et ces volumes privés peuvent se situer à des Niveaux absolument différents.

La circulation des énergies dans l'Univers entier est infinie dans un sens comme dans l'autre, c'est-à-dire, par rapport à la Terre, à la fois dans le Cosmos et dans les profondeurs de la matière.

Des virus pour s'autodétruire

Question : "...Bien sûr, la variante de l'ascension massive de l'humanité à la fin de l'ère des Poissons, afin de nettoyer la planète et de la préparer pour une nouvelle race, semble absurde. Mais certains prétendent que pour détruire l'humanité moderne, des programmes de développement ultra-rapide de l'activité des virus énergétiques seront lancés, ou des programmes spéciaux d'autodestruction seront mis en place pour les personnes dont la spiritualité est extrêmement faible. Pouvez-vous systématiser brièvement tout ce qui est lié à cette question, si c'est possible ?

Réponse : Aucun virus spécial ne sera lancé pour anéantir les humains de bas niveau (faible). Tout se passera naturellement et s'étendra sur de nombreuses années. Ils ne résisteront pas aux germes et aux virus, mais au potentiel élevé des nouvelles énergies qui arriveront sur la Terre. Les individus de bas niveau resteront sur Terre pendant encore 300 à 400 ans.

Les programmes spéciaux d'autodestruction ne sont pas non plus développés. Les gens reçoivent des programmes ordinaires pour le développement et l'achèvement des qualités qu'ils n'ont pas encore eu le temps d'achever. Mais les âmes dont le décodage est déjà programmé doivent rembourser les coûts énergétiques qui ont été dépensés pour elles par le Suprême. Elles auront un destin très difficile, dans lequel elles seront elles-mêmes responsables de leur comportement dissolu. Le fait que de nombreuses personnes se suicident aujourd'hui n'est pas un programme d'autodestruction, mais l'incapacité des âmes individuelles à résister aux épreuves qui leur sont imposées. Pendant la période transitoire de changement de race, de nombreuses âmes décodées sont détruites et ne sont pas admises dans l'évolution. Ce moment a apparemment été mal compris, les gens l'ont présenté comme l'inclusion de programmes d'autodestruction. Mais ce n'est pas tout le monde qui sera décodé, mais seulement ceux qui se sont engagés dans tous les péchés mortels, plaçant les plaisirs et les impuretés qui en découlent au-dessus du développement.

Comment la transition quantique affecte les êtres humains

Question : "Tout le monde parle du pic de la transition quantique en 2012-2013, mais il n'existe pas de système adéquat d'évaluation des événements possibles. On ne sait pas exactement ce qui se passera sous l'influence des rayons évolutifs en ce qui concerne 1) le corps physique ; 2) les enveloppes subtiles ; 3) l'état émotionnel et mental, en fonction du Niveau de spiritualité d'une personne - faible, moyen et élevé...".

Réponse : Dans nos livres, en fait, il n'y a pas de transitions quantiques. Le lecteur nous a confondus avec d'autres auteurs. Nous parlons du passage de la Terre à la sixième orbitale. De telles transitions se sont déjà produites après chaque civilisation passée. Tout cela est expliqué en détails dans le volume "La Terre - une planète pensante" (série "Encyclopédie de la nouvelle ère").

Toute la confusion dans la tête vient du fait qu'une personne n'a pas les bons concepts. Elle lit superficiellement, sans réfléchir, et c'est pourquoi, lorsqu'elle lit les livres d'un auteur, elle se tourne vers un autre auteur pour lui poser des questions. Mais nous sommes toujours heureuses de vous répondre et de clarifier certains points obscurs (non clarifiées).

1. Le passage quantique a lieu depuis 1990. Le ressentez-vous ? Non. Mais ce qui se produit dans le corps physique, il est conseillé de lire l'article ci-dessus sur les "Mutations".

2. Quant aux changements dans les corps subtils, on peut seulement dire que les enveloppes permanentes ne réagissent à aucune transition. Les enveloppes temporaires, y compris le corps physique, seront abandonnées par l'homme après la mort et tout sera démonté en éléments constitutifs comme un équipement inutile et obsolète.

Sur le plan physique, la transition n'est pas particulièrement visible pour les personnes ordinaires, car il n'y a pas d'appareils capables de détecter les changements du corps physique sur le plan subtil. Des changements profonds se produiront au niveau atomique. Pour de nombreux éléments chimiques de la Terre, par exemple, la valence changera. Les gens ne ressentiront rien immédiatement, les conséquences viendront plus tard et se manifesteront par l'aggravation de certaines maladies. Les changements dans les corps subtils n'affecteront pas vraiment le monde extérieur, car les enveloppes temporaires sont d'un Niveau supérieur au physique et sont donc capables de résister aux influences énergétiques étrangères.

3. Cependant, l'état psychique de nombreuses jeunes âmes peut beaucoup souffrir pour des raisons diverses : des énergies puissantes qui descendent sur Terre et qu'elles ne peuvent pas supporter, des catastrophes en cours, la perte de logements, de biens, l'indifférence de la société à leur égard, etc. Les gens commenceront à devenir fous. Mais cela ne sera pas particulièrement évident pour les autres.

Les âmes élevées devront traverser tout cela normalement. Mais tout sera individuel. Ce n'est pas une question de savoir si une personne pourra supporter les nouvelles énergies ou non, mais plutôt que chez certains représentants de la cinquième race, les programmes arrivent à leur terme (je parle de toute l'humanité).

La fiction et la réalité

Question : "Pendant la Transition, la chute des champs électromagnétiques de la Terre provoquera l'effacement de la mémoire d'un simple mortel de son "disque dur" - le cortex cérébral. Tout ce qui a été accumulé par l'homme pendant les années de sa dernière vie dans la Réalité du Monde de la Troisième Dimension sur la planète Terre sera effacé de sa mémoire. Une personne simple et ordinaire tombera dans le sommeil pendant trois ou quatre jours, ou restera assise sans penser, et peut-être que certaines personnes commenceront même à "devenir folles", elles deviendront, comme on dit, "folles" à cause des images de ces visions qui commenceront à apparaître devant leurs yeux. Les phénomènes et les images des diverses harmoniques des Troisième et Quatrième Dimensions commenceront à se combiner et à manifester cette période de transition - cette deuxième affirmation la plus courante au sujet de la transition, encore une fois, a-t-elle une quelconque vérité ?"

Réponse : Ce sujet n'a absolument rien à voir avec nos livres, ce qui indique que tout est confus pour le lecteur et reste incompris. Nous n'avons aucune information sur l'effacement de la mémoire du 'disque dur' de l'homme. C'est simplement absurde. D'où avez-vous tiré cette idée ? Peut-on effacer la mémoire d'une personne et ainsi la priver de son expérience passée ? Par exemple, si quelqu'un a acquis l'expérience de jouer de la guitare de manière virtuose, est-ce que cette qualité exceptionnelle serait effacée ? Ce serait une dégradation totale. Alors pourquoi l'homme se serait-il développé, aurait-il souffert, se serait-il tourmenté ?

Il est impossible d'effacer la mémoire d'une personne, car l'effacement équivaut à la destruction du résultat du développement. À quoi servirait alors la vie humaine ? Le sens de l'existence disparaîtrait dans ce cas. Les Supérieures ne peuvent pas permettre cela. La mémoire peut être temporairement bloquée, fermée, mais tout ce que l'âme a accumulé au cours de sa vie est conservé dans sa matrice du Subconscient. Cette mémoire est éternelle.

Seuls les défauts peuvent être éliminés, la matrice est nettoyée uniquement des qualités mal construites qui ne peuvent pas perdurer dans l'existence éternelle. Tout ce que l'homme acquiert qualitativement, d'une incarnation à l'autre, reste en lui pour toujours. C'est ainsi que naissent les génies (talents). Ce sont des individus qui se sont développés correctement et ont appris, ce qui leur a permis de perfectionner leurs qualités jusqu'à l'excellence et la virtuosité. Leur mémoire leur dicte des actions parfaites. Aujourd'hui, par exemple, il y a beaucoup de talents matures : des jeunes filles violonistes, des joueurs d'accordéon, des guitaristes, des pianistes qui jouent de manière virtuose. Des enfants chanteurs de six ans chantent des œuvres musicales complexes sans aucune erreur. Tout cela est possible parce qu'ils ont étudié correctement la musique au fil de nombreuses vies, jouant différents instruments et développant leur mémoire musicale, qui s'est renforcée d'une vie à l'autre, et cela s'est manifesté dans notre vie par leur génialité (talent).

Il n'y aura également aucune immersion d'une personne dans un sommeil de 3 jours, c'est une invention. L'homme vit soit normalement, soit meurt. C'est l'un ou l'autre. Et il meurt si les instances supérieures décident qu'il n'a plus rien à faire ici, c'est pourquoi il y a tant d'accidents maintenant. La mort rattrape même beaucoup de gens aux arrêts de bus. Auparavant, cela n'arrivait jamais, mais en 2012, il est difficile de compter le nombre de cas similaires. Ce sont des entités du Système négatif qui ont été "libérées" pour la collecte des âmes prévues à cet effet. C'est pourquoi elles dirigent précisément les voitures vers des endroits où les gens attendent les transports. Le destin de beaucoup de gens (mais pas tous) a été prédéterminé pour les années 2012-2013.

Cependant, lorsque la Terre sera reconstruite, pendant la période de transition, des portails s'ouvriront et certaines personnes verront des fantômes et d'autres entités venant de mondes parallèles vers le nôtre. Certaines personnes les verront... mais pas toutes. Et aujourd'hui, il y a beaucoup de cas de ce genre. Cela rend fou celles qui n'ont pas été préparées. Mais la majorité des gens est déjà prête pour de telles rencontres grâce à l'étude de la littérature ésotérique, et leur psyché reste donc hors de danger. Ils apprennent à communiquer avec ceux qu'ils voient et à ne pas avoir peur d'eux.

Aucune combinaison de différentes dimensions ne peut avoir lieu, car chacune d'entre elles existe séparément et ne peut être combinée à quoi que ce soit selon les lois de la physique. Il s'agit simplement d'un passage d'une dimension à une autre. Pour un être humain, cela reste imperceptible. Seuls des appareils très sensibles peuvent le remarquer.

Avons-nous changé

L'humanité a franchi la date de l'apocalypse indiquée par la civilisation maya - le 21 décembre 2012. Alors que tout le monde s'en approchait en gémissant et en essayant de prévoir quelles formes possibles d'annihilation de l'humanité pourraient se produire, la Terre a franchi le seuil dangereux sans encombre. Certaines personnes assuraient aux autres qu'après cette transition, même si personne ne mourrait et que les changements ne seraient pas visibles, les êtres humains deviendraient quand même différents. Cela était dû au fait qu'à l'approche de la fin du monde, ils avaient dû vivre et reconsidérer beaucoup de choses dans leur vie.

Lors d'une courte interview, l'un des résidents des États-Unis déclarait avec emphase au journaliste, en croyant fermement en ce qu'il disait : "Quand cette journée extraordinaire passera, nous serons tous transformés. Nous serons différents dans notre corps et dans nos pensées...". Et sur cette déclaration, il convient de s'arrêter pour tirer des conclusions sur les changements présumés de l'humanité.

Mais confions-les à notre lecteur, qui a parfaitement compris ce qui s'est passé. Il a écrit :

«...Le 21 décembre, tout comme le 23 décembre 2012, ne sont pas devenus des moments charnières dans le destin de l'humanité moderne. Il est clair que les processus de transition doivent durer plus d'un siècle. Et pourtant, l'impulsion initiale pour leur lancement a commencé dans le présent.

Cependant, ce début de l'ère du Verseau donne non seulement matière à de profondes réflexions, mais suscite également l'espoir que les instances supérieures ont peut-être ajusté le plan d'action préalablement établi, donnant ainsi aux gens une autre chance de se repentir et aux auteures la possibilité de mener à bien leur grandiose œuvre d'éducation sur Terre. D'un autre côté, l'humanité, après avoir relâché la tension de l'attente anxieuse de l'Apocalypse, est instantanément retournée à sa vie insouciante après la redoutable date, et se trouve maintenant dans un état idéal pour que les Supérieurs puissent mettre en œuvre leurs plans sans entrave.

Si l'on met de côté les détails et les émotions, le passage de l'humanité par le point possible du Jugement Dernier n'a pas été pour elle un moment de Vérité ni une raison de changer de manière significative son attitude envers la vie. Presque personne ne veut penser ni chercher des significations cachées dans son existence sans but. En imitant une activité frénétique sur place, beaucoup étouffent artificiellement la voix intérieure de leur principale base interne et se considèrent heureux ainsi.

Mais cette situation n'est pas survenue sans raison. La cause en est attribuée avant tout à la myopie et à l'insouciance de ceux qui, en réalité, façonnent les mentalités de la société, en lui fixant des objectifs aussi ambitieux que de fausses tâches, sans se soucier le moins de leur adéquation à la Vérité et des conséquences négatives possibles. Jusqu'à présent, l'unique but de l'existence de la civilisation a été de reconnaître toujours de nouveaux accomplissements matériels, c'est-à-dire de suivre le chemin du renforcement de l'attitude consumériste envers la vie, un mouvement qui anesthésie le développement spirituel, entraînant inévitablement la stagnation spirituelle et l'appauvrissement, ainsi que l'épuisement impitoyable et insensé des ressources de la planète.

Le fait que de tels vecteurs de pseudo-développement aient rendu des millions de personnes moralement handicapées en quelques décennies, les privant de toute perspective d'avenir, reste en dehors du tableau de la prospérité proposé, sans parler de l'inutilité et de la charge énergétique d'une telle humanité pour les instances supérieures, de son extrême danger pour l'existence et le développement futurs de la planète.

Seule votre information la plus récente sur le développement spirituel de l'humanité pourra la sortir de l'impasse des aspirations

matérielles et techniques et la mener sur la voie du renouveau spirituel.
A.N. Pisklakov, Ekaterinbourg.»

À cette conclusion, il convient d'ajouter que la Terre continue de se réorganiser, et l'humanité aura encore beaucoup à expérimenter et à traverser, il ne faut donc pas se détendre excessivement.

Le Sommet de l'Absolu

Question : "Dans le livre les "Lois de l'Univers", Tome 1, dans la 'Loi des états absolus', il est question de marcher sur les sommets des pyramides : l'Absolu atteint la dernière étape de la perfection, la forme de Dieu se détache de cette pyramide et passe elle-même à une nouvelle étape de progression, c'est-à-dire vers le sommet de la pyramide suivante... Question : pourquoi vers le sommet ? Car on expliquait toujours que lorsqu'elles passent à une nouvelle étape de perfectionnement, les Substances se placent au Niveau inférieur de la nouvelle pyramide, où elles se rejoignent avec d'autres Substances énergétiquement équivalentes et arrivées là-bas, et au cours du développement, elles se rejoignent et fusionnent au sommet, s'unissant en un nouvel Absolu. Où ai-je mal compris quelque chose ?"

Réponse : Dans ce cas, nous ne parlons pas d'un développement étape par étape, lorsque l'on passe d'un Niveau à l'autre, mais de cycles complets. Les cent Niveaux représentent un cycle complet de développement. C'est pourquoi, lorsqu'il est question de l'infinité des cycles de développement dans l'univers entier, un cycle complet de développement est pris comme mesure - c'est-à-dire l'Absolu composé de 100 Niveaux à l'intérieur. Le fait de marcher d'un sommet de l'Absolu à un autre est une expression de l'infinité du développement à travers les cycles. En d'autres termes, nous parlons ici de cycles, et ils se terminent par l'Absolu.

Si nous prenons un cycle avec un seul Absolu, alors ici le mouvement suit un principe différent - de bas en haut par Niveaux. Mais, je le répète, il s'agit d'une perfection étape par étape.

Question : «Dans le livre Les Lois de l'Univers, Vol. 2, une question sur la "Loi de la réversibilité.».

Dans cette loi, des lois telles que la loi de Réversibilité et la loi des Causes et des Effets réalisent leur dynamique. La question est la suivante

: il y a une référence à la loi de réversibilité, je n'ai pas trouvé une telle loi ni dans le premier ni dans le deuxième volume. Dans la mesure du possible, pouvez-vous préciser où elles se trouvent ?»

Réponse : Nous avons donné les principales lois. Il existe de nombreuses autres lois secondaires.

La "loi de la Réversibilité" est auxiliaire, c'est-à-dire qu'elle fait partie d'une loi plus large. Elle fait partie de la "Loi des formations répétées" - lisez-la attentivement.

Il existe un tableau indiquant les lois auxiliaires qui la composent. La loi de la réversibilité (notamment des âmes) n'existe que pour les bas mondes matériels, c'est une loi temporaire, donc les Lois globales de l'Univers ne la considèrent pas séparément. Mais elles s'appuient sur certaines lois auxiliaires, il ne faut pas l'oublier non plus.

La loi de la réversibilité est également incluse dans la "loi de circulation des processus d'interéchange" (à lire au tout début).

Toxicomanes et dopage

Question : «...Quelle est la raison pour laquelle les toxicomanes et les alcooliques ont une vie courte, si l'on admet que le programme leur donne la possibilité d'atteindre, avec une vie normale, l'âge de 70-80 ans ?»

Réponse : Il peut y avoir 3 variantes de réponses ici. Premièrement, une personne dans son programme peut immédiatement choisir une variante de développement sans issue. Le choix peut se faire par la consommation de drogues ou d'alcool. Il peut être pardonné plusieurs fois pour cette faute et on lui donne la possibilité de se corriger. Cependant, si aucune correction ne se produit, l'individu se dirigera vers la principale situation de test, où on lui accorde une dernière chance de se corriger : soit il renonce aux drogues, soit il continue à les consommer. Dans ce dernier cas, lorsqu'il choisit de continuer à prendre des drogues, le programme le redirige vers une voie sans issue qui le conduit hors de la vie à 25 ans, 28 ans, 30 ans, 36 ans. C'est le chemin d'une âme basse qui ne se consacre à rien de bénéfique dans la vie.

Mais une âme assez brillante peut aussi être soumise à une telle tendance pernicieuse en raison de certaines circonstances de la vie. Elle ne se voit pas proposer des options sans issue, mais tente de toutes ses forces d'échapper au moment du départ prématuré grâce à un certain nombre d'autres situations positives. En conséquence, d'autres situations peuvent rééduquer la personne, elle-même ou avec l'aide de quelqu'un d'autre abandonnera la drogue et continuera à vivre une existence normale, et la toxicomanie restera dans le passé comme un "péché de jeunesse". Une telle âme est sauvée.

Il existe une autre variante liée à la surconsommation d'énergie par la jeune âme. Cela se produit à la suite d'une atteinte aux structures subtiles d'une personne.

À ce jour, il est déjà connu que l'existence d'un individu est dotée d'une certaine quantité d'énergie programmée. Si cette énergie venait à manquer avant la prochaine situation, le programme se terminerait prématurément. Chez les toxicomanes et les alcooliques, sous l'influence de drogues et d'alcool, c'est-à-dire de certaines substances organiques, les champs de protection de l'organisme sont rompus et d'énormes flux d'énergie sont libérés. Par conséquent, ils épuisent la réserve qui leur a été donnée pour leur existence, même en utilisant la petite réserve qui pourrait être disponible pour des comportements imprévus d'un individu. Dans ce cas, le programme peut se terminer à tout moment (par exemple, le cœur de la personne peut simplement s'arrêter ou quelque chose de similaire peut se produire en fonction de la situation spécifique).

En passant, c'est également sur cette libération (diffusion) d'énergie supplémentaire par l'organisme que repose la propriété de tout type de dopage chez les sportifs, ce qui leur permet d'atteindre des performances élevées, l'énergie supplémentaire libérée (diffusion) donnant au sportif une force supplémentaire. Cependant, leur prise ponctuelle n'est pas aussi dommageable que l'impact constant de drogues et d'alcool. Ainsi, en dissipant leur énergie vitale, les toxicomanes meurent avant leur espérance de vie potentielle. Cependant, beaucoup de choses dépendent des réalisations passées de l'âme, du nombre de ses réincarnations.

Le temps et l'âme

Question : «La personne vit dans le temps unique de la Terre. Mais pourquoi a-t-elle une vie si courte ? Ne pourrait-elle pas exister plus longtemps, qu'est-ce qui limite la durée de sa vie ?»

Réponse : L'homme vit dans le champ de la Terre, mais il a son propre temps. Les conditions d'existence lui sont données par le programme à partir de son objectif personnel de développement.

La personne, en tant qu'unité, disparaît de la Terre, et son temps personnel disparaît avec elle, mais le temps physique continue de progresser sur la Terre, et rien ne peut l'arrêter ou le ralentir. Cela confirme que le temps existe indépendamment de l'homme, qui agit comme un mécanisme de transmission à travers lequel les particules de temps passent, comme à travers un mur poreux, et avancent plus loin.

L'homme ressemble à une comète qui brûle dans le temps. Et toute sa vie à l'échelle de notre planète est un bref instant, dont la fin est liée à la destruction de l'enveloppe matérielle, ce qui signifie que c'est la matière organique qui limite l'existence de l'homme. La planète a une autre enveloppe physique, mieux adaptée à l'autorégénération et à une existence plus longue dans le temps. Mais tout cela est déterminé par son programme.

Les âmes elles-mêmes, qu'elles soient humaines ou planétaires, restent éternelles, ne différant que par leurs Niveaux de développement, ce qui indique déjà quelques raisons pour les différences de durée de leur existence. Ces raisons sont le but du développement, le programme, le niveau de développement de l'âme atteint à ce moment-là et l'enveloppe extérieure dans laquelle l'âme éternelle séjourne.

Cela dépend en grande partie de l'enveloppe extérieure et du Niveau de l'âme, qui sont dans une certaine correspondance. C'est pourquoi les extraterrestres matériels, qui ont des Niveaux d'âme beaucoup plus élevés, ont également des enveloppes extérieures plus solides, qui leur permettent de dépasser plusieurs fois la durée de vie humaine en termes de temps d'existence.

L'âme est capable de passer d'un monde à l'autre, en changeant les paramètres du temps, c'est-à-dire en vivant dans un temps et dans un autre. Mais ces transitions sont soumises à certaines lois. Le plus important est que, pendant la transition, le monde corresponde également au niveau de l'âme (tout monde fait croître les âmes à certains stades) et, par conséquent, la durée de la vie des êtres dans les mondes matériels dépendra également du niveau du monde lui-même.

Ainsi, la durée de l'existence est déterminée par les caractéristiques du développement à la fois de l'individu (l'être humain) et du monde. Chaque individu possède son propre temps, qui est directement proportionnel au degré de développement de son âme. En d'autres termes, plus une âme est développée à l'échelle cosmique, plus sa durée d'existence est longue. Tous les êtres humains sur Terre ont une courte durée de vie parce que le niveau de développement de leur âme est très bas. Seulement lorsque l'individu atteint un certain Niveau, il sera transféré dans le monde subtil et passera à d'autres unités de temps, lui permettant d'exister éternellement.

Le champ temporel de la Terre et d'autres questions sur le temps

Question : "Je ne vois pas très bien ce qui crée son champ temporel sur Terre."

Réponse : Le champ temporel est créé par des particules temporelles de la matière physique et des plans subtils qui lui sont proches : éthérique, astral et mental. Les particules de temps pénètrent dans la structure de la matière, correspondant à son Niveau, et forment des champs atteignant les limites extérieures de leurs enveloppes subtiles en taille. Chaque Niveau de matière, c'est-à-dire chaque enveloppe subtile, possède son propre temps.

Tout ce qui est soumis au temps se détruit. Cependant, le temps n'est pas présent dans la structure de l'âme, c'est pourquoi elle est éternelle, elle n'est pas sujette à la destruction. Ainsi, la présence du temps dans la matière indique déjà que cette matière ne possède pas l'éternité d'existence.

Question : "Comment se produit l'accélération ou le ralentissement du temps et à quoi cela sert-il ?"

Réponse : Tout cela est calculé par les Substances Supérieurs et est intégré dans les programmes, et ce sont eux qui dirigent ensuite les processus ou les événements.

Le temps accéléré ou ralenti est utilisé pour ajuster différents programmes individuels des personnes dans le programme global de la Terre. De manière similaire, de tels ajustements peuvent également se produire dans d'autres mondes et univers.

Question : "Le temps est la quatrième coordonnée de l'espace dans notre monde. Si on le supprime, qu'arrivera-t-il à l'espace, ne

124

s'effondrera-t-il pas en un point ?"

Réponse : Il restera dans le moment présent du temps, il n'avancera pas et ne reculera pas. Tout s'arrêtera, l'espace se figera. Et il n'y aura pas d'effondrement en un point, parce que tout mouvement s'arrêtera. Mais si le temps est supprimé, il n'y aura pas de mouvement jusqu'au point d'effondrement. Le temps est le moteur de toute chose.

Le temps, une qualité différente

Question : "Sur le plan terrestre, il y a la matière physique, la matière éthérique, la matière astrale, la matière mentale, etc. Chacune d'entre elles nécessite ses propres unités de temps et, par conséquent, elles doivent toutes être qualitativement différentes. Semble-t-il que la qualité des unités de temps dépende de la matière qu'elles développent ?"

Réponse : Les types de matière énumérés sont les Niveaux de son développement, selon lesquels la matière, en se perfectionnant, s'élève du grossier au plus subtil. C'est pourquoi il faut également parler du temps de la même manière, que les différents Niveaux de temps sont différentes étapes de sa progression, et que les différents Niveaux sont différents types de matière qui possèdent leurs propres propriétés distinctes. Il est évident que pour gérer des matières aux propriétés différentes, des unités de temps correspondantes sont nécessaires.

Les différents types de matière permettent aux matrices temporelles à différents Niveaux de développement de développer différentes qualités dans leurs cellules. En d'autres termes, en travaillant avec de la matière physique, disons du Niveau astral, le temps en tire certaines qualités, et en travaillant avec de la matière mentale, il en tire d'autres.

Et les Niveaux donnent un ensemble d'une certaine quantité de ces énergies. Le temps, par exemple, qui contrôle la matière physique, accumulera dans sa matrice la quantité de cette qualité requise pour le Niveau physique, après quoi il passera au Niveau supérieur. Mais un être humain, se trouvant dans le monde matériel, accumulera ses propres qualités, tandis que le temps en accumulera celles complètement différentes. Et tous deux progresseront sur le plan terrestre.

Le temps dans les hiérarchies de l'opposition

Question : "Le temps dans les mondes de Dieu diffère-t-il du temps dans les mondes du Diable ? Car chez Dieu, il régit l'évolution positive, tandis que chez son opposé, il régit l'évolution négative."

Réponse : Le temps pour les deux hiérarchies opposées n'est pas différent, car il est un pour toutes les qualités d'énergies. Peu importe que ces énergies soient positives ou négatives.

Le temps de contrôle des processus auxquels participent les âmes positives et négatives est généralement le même, et sa puissance est également la même, mais à condition que les âmes appartiennent au même Niveau de développement. Le pouvoir du temps augmente avec l'augmentation du Niveau, car pour faire avancer des processus plus puissants, il faut des paramètres temporels plus puissants pour les contrôler. C'est le pouvoir du temps prévu dans les programmes de développement des Substances en fonction de leur Niveau.

Mais il faut tenir compte du fait que le temps ne régit généralement pas un certain type d'énergie, mais un certain groupe d'entre elles. Les énergies sont divisées en certains groupes qualitatifs. Et l'ensemble du groupe appartient à un seul temps.

Le temps lui-même n'a ni qualités positives ni qualités négatives. Il est spécial, mais non neutre, il a sa propre qualité. On ne peut pas dire que le temps dans d'autres mondes puisse être positif ou négatif, mais du point de vue terrestre, on peut le dire, c'est-à-dire que sur le plan physique, le temps pour les Terriens peut être négatif, par exemple, si le temps situé après un certain point de référence est pris comme négatif.

(Achevé le 7 janvier 2013.)

- - -

Sommaire

La liste des livres
Série « Au-delà de l'inconnu »
Seklitova L.A & Strelnikova L.L

Site : www.6paca-france.com
Mail : 6paca.fr@gmail.com

❖ « L'Esprit Supérieur révèle les mystères »
❖ « L'Âme et les secrets de sa structure »
❖ « Les mystères des mondes Supérieurs »
❖ « La vie secrète des Maitres Célestes »
❖ « La structure d'énergie d'une personne et de la matière »
❖ « Les rencontre avec les invisibles »
❖ « La création des formes ou bien les expérimentes de l'Esprit Supérieur »
❖ « La vie dans un corps d'autrui »
❖ « L'Homme de l'ère du Verseau »
❖ « Les perles des vérités Supérieurs »
❖ « Le dictionnaire de la philosophie cosmique »
❖ « La matrice – base de l'âme »
❖ « Le doigt du Destin »
❖ « La terrestre et l'éternité »
❖ « Le feu de Prométhée »
❖ « Notre Armageddon »
❖ « La philosophie de l'éternité »
❖ « La philosophie de l 'Absolu »
❖ « La personnalité et l'éternité »
❖ « La formation de l'âme ou paradoxale philosophie » Tome 1 et 2
❖ « Le nouveau modèle de l'Univers.»
❖ « Les lois de l'univers ou les bases de l'existence de la hiérarchie Divine »
❖ « Les mystères du 21ème siècle » (FAQ)
❖ « Le chemin de l'inconnu » (FAQ)
❖ « Les révélations du cosmos »
❖ Les conversations sur l'inconnu »

- ❖ « Le mystère à la réalité »
- ❖ « Le Formule de l'évolution »
- ❖ « L'illusion de vérité »
- ❖ « L'homme de la race d'or »
- ❖ « Le but du développement de l'homme »
- ❖ « Les doubles de la Terre » (FAQ)
- ❖ « Au-delà du monde visible » (FAQ)
- ❖ « Les capacités paranormales »
- ❖ « La transformation des âmes de différentes formes de vie » (FAQ)
- ❖ « La réponse de Pythagore » (FAQ)
- ❖ « Les découvertes sans télescope » Tome 1 et 2
- ❖ « Comment ne pas tomber dans l'enfer »

Série « Encyclopédie d'une Nouvelle Ère »
Seklitova L.A & Strelnikova L.L

Section : L'Homme de la sixième race » :
1. « Le création de l'Homme » Tome 1
2. « Le création de l'âme » Tome 2
3. « Le développement de la pensée » Tome 3
4. « La Naissance, la Mort et le Karma » Tome 4
5. « L'Amour, la Famille et l'Enfants » Tome 5
6. « Le développement de l'Homme » Tome 6
7. « Le Choix de l'Âme ou bien le développement positive et négative» Tome 7
8. « Le Sort, le Destin ou bien le Rôle des Programmes dans le développement» Tome 8
9. « L'Humanité » Tome 9
10. « L'Homme Incroyable » Tome 10
11. « Le nouveau sur la religion » Tome 11

Section : « La race de la Terre d'or » :
12. «La Terre est une planète qui pense» tome 12
13. «Les mystères du Temps » tome 13
14. « L'univers et ses mondes » tome 14

Série « Magie de la Perfection »
Seklitova L.A & Strelnikova L.L

* ❖ « La Liberté et l'inévitable »
* ❖ « Les leçons Karmiques du Destin »
* ❖ « La Phénomène de l'âme »
* ❖ « Le Grand Passage ou les Variantes de l'Apocalypse »
* ❖ « Les Causes des souffrances d'une personne »
* ❖ « 2012, La fin du Monde ou Prédictions Optimistes »
* ❖ « Pourquoi la Terre change »

Série « L'Ésotérisme en Aphorisme »
Seklitova L.A & Strelnikova L.L

Cette série Cette série comprend des livres suivants :
« Facettes du diamant »,
« Blues d'étoile »,
« Miroir de la sagesse »,
« Pétales du lotus »,
« Ode de l'éternité »,
« Sonate de la vérité »,
« Sagesse *à aphorisme* »,
« Vérités éternelles ».
« La sagesse dans les aphorismes »
« Pointes et roses »